우리 동물원에 놀러 오세요!

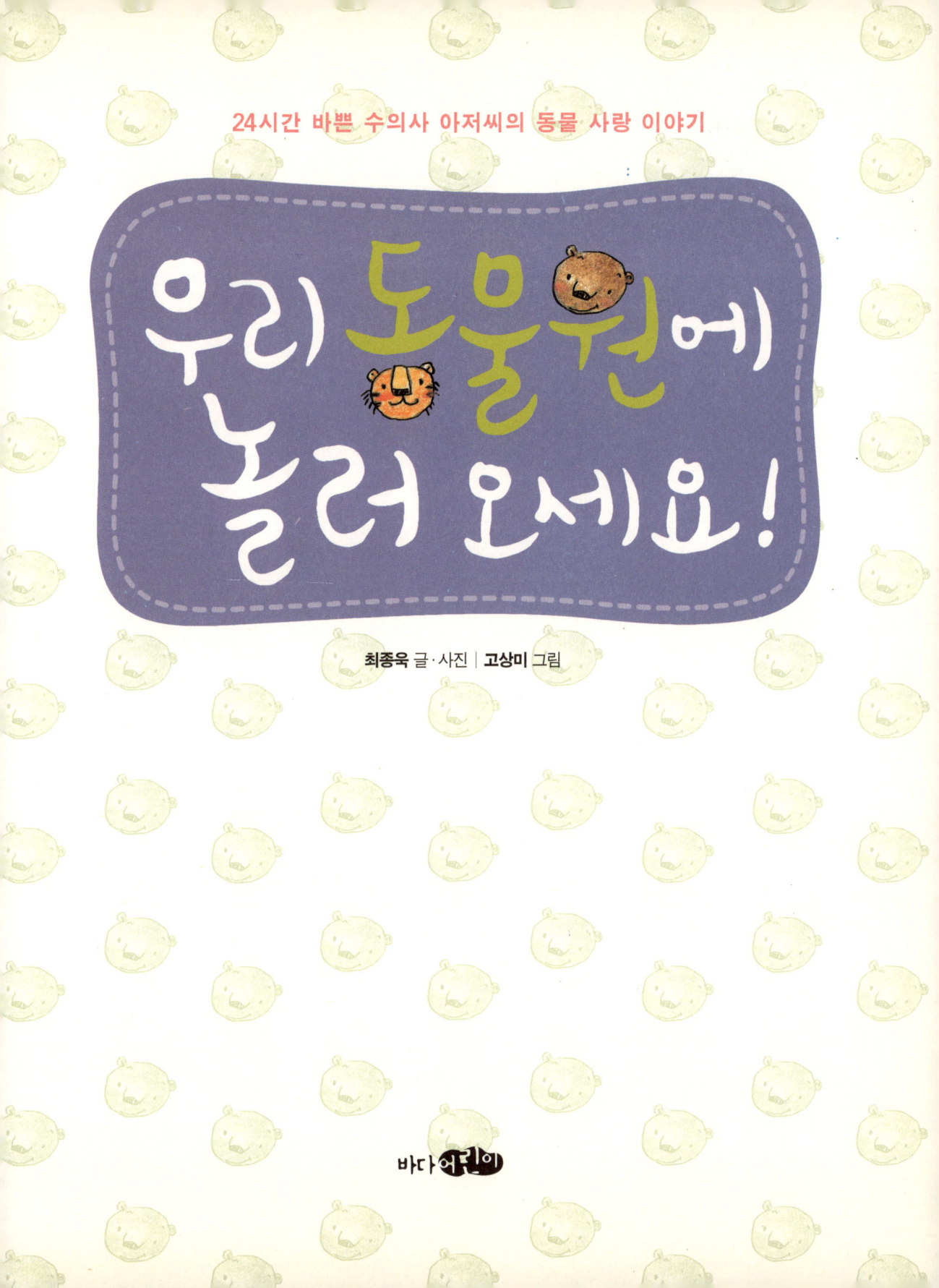

 들어가며

동물은 우리의 좋은 친구예요!

야생 동물들이 모두 없어지면 어떻게 될까요?

동물들이 없다고 당장 이 세상이 큰일 날 것 같지는 않아요. 바로 없어지는 건 아마 여러분이 읽는 책 속의 주인공들쯤 되겠지요. 곰돌이 푸우나 아기 사슴 담비 같은 친구들 말이에요. 시끄러운 새소리가 없어지면 세상은 아주 조용할지도 몰라요. 또 호랑이나 사자가 없어진다면 더 좋아할 사람들도 있을 거예요. 이 친구들은 사람에게 약간 위험하니까요.

그렇지만 호랑이가 없어지면 너구리나 멧돼지들이 늘어나요. 지금 우리나라에도 이들이 너무 많아져서 너구리가 도시 한가운데 살기도 하고, 멧돼지가 밭과 논을 엉망으로 만들기도 합니다.

그럼 너구리나 멧돼지들도 없애 볼까요? 사람은 총이나 덫 같은 걸 이용하기 때문에 마음만 먹으면 이들을 없애는 건 시간문제일 거예요.

　너구리나 멧돼지들이 모두 사라지고 나면 야생 토끼나 뱀과 다람쥐, 들쥐, 집쥐 같은 온갖 설치류들이 설쳐 댈 거예요. 이들은 수도 엄청 많고, 땅속으로 숨기 때문에 총으로는 도저히 상대할 수가 없답니다.

　설치류들이 늘어나면 전염병이 급속도로 번질 수 있어요. 이렇듯 야생 동물들이 하나둘 없어지고 마침내 인간만 남게 된다면 야생 동물에게 붙어 살던 각종 세균, 기생충, 모기나 파리들이 모두 인간에게 덤벼들 거예요. 그렇게 되면 결국 인간 역시 사라지게 될 거예요.

　동물들은 옛날부터 인간과 서로 의지하며 살던 우리의 좋은 이웃이에요. 물론 지금도 그렇고요. 하나가 사라지면 남은 하나도 사라질 수밖에 없답니다. 그렇기 때문에 서로를 소중히 여기며 서로에게 도움을 주며 살아가야 해요.

　나는 정말 동물들을 좋아해요. 그들을 보면 편안하고 즐거워져요.

　동물원 수의사란 일도 직업으로서가 아니라 내가 조금이나마 동물들에게 도움을 줄 수 있다는 이유로 즐겁지요.
　가끔 사람들은 "동물이 죽는 걸 보면 괴롭지 않아요?" 하고 물어요. 물론 괴롭지요. 때로는 몰래 울기도 합니다. 하지만 누군가 이들의 마지막을 지켜 주지 않는다면 그건 더 비참할 거예요. 그래서 그런 괴로움도 참는 거예요. 나는 모든 동물들을 좋아하지만, 특히 보기만 해도 편안한 하마나 코끼리 같은 커다란 동물들을 더 좋아해요. 우리 동물원에 한 마리뿐인 외로운 하마 '히포'는 내가 "히포" 하고 조용히 부르면 물속에서도 알아듣고 물 밖으로 나와요. 그리고 커다란 입을 한껏 벌려 반갑게 맞아 줍니다. 기린 '린' 녀석도 긴 목을 숙여 자기 얼굴을 내 얼굴 가까이 대고선 긴 혀로 핥아 줍니다.
　내가 이런 동물들과 겪은 즐겁고, 때로는 슬픈 이야기들을 어린이 여러분도 이 책을 통해서 함께 경험해 보세요. 그리고 마지막 장을 덮을 때는 동물도 사람과 별로 다르지 않은 우리의 좋은 친구란 걸 느꼈으면 좋겠어요. 광훈이, 다희, 유민이도 역시…….

우치 동물원 수의사
최종욱

 **차례**

들어가며 4

사랑해! 사랑해! 동물들의 사랑 이야기

매애! 염소가 새끼를 낳아요 **12**
어미젖, 그 놀라운 힘! **16**
망토개코원숭이의 자식 사랑 **18**
다람쥐원숭이야, 슬퍼하지 마! **22**
토끼에게 사랑이란 약을 쏘옥! **26**
미운 오리 새끼? 아니야, 아니야! **30**

요건 몰랐지? 재미있고 신기한 동물 이야기

당나귀 똥 위로 미끄덩, 철퍼덕! **34**
수컷 공작이 꽁지깃을 살랑살랑 **39**
조잘조잘 앵무새 말 가르치기 **43**
지붕 위의 비글 **47**
새끼 돼지꼬리원숭이의 탈출 소동 **50**
갈갈이가 된 반달곰 삼 남매 **53**
똥이 좋아좋아! **56**
게코도마뱀아, 미안해! **60**
개 '칸'의 꽁꽁 얼어 버린 코 **64**

말썽은 이제 그만 말썽쟁이 동물들의 동물원 적응 이야기

호랑이가 물에 빠진 날 70
우당탕 도망치는 동물들 74
말썽 대장 쌍봉낙타 78
권투 선수 타이슨, 닐가이를 가두다! 83
내 사랑 아기 불곰 우미 87
'모모' 침팬지 판치의 하루 91
독일에서 이사 온 귀염둥이 펠리컨 95

24시간 바쁜 동물원 119 위험에 빠진 동물 이야기

사슴아, 비닐봉지는 먹지 마! 100
펭귄의 무서운 이름표 104
귀한 손님, 철새의 죽음 107
야금야금, 동물들도 과자를 좋아해 112
정말 오소리는 물을 싫어해? 116

내겐 너무 예쁜 동물 앨범 121

사랑해! 사랑해!

동물들의 사랑 이야기

 매애! 염소가 새끼를 낳아요

"어머! 저것 좀 봐!"

평소에는 관람객들에게 그다지 인기가 없던 염소 사육장에 여학생들이 잔뜩 모여서 "어머! 어머!" 하고 소리를 지르고 있었어. 동물원을 어슬렁어슬렁 산책하고 있던 나는 슬며시 여학생들 틈으로 머리를 내밀고 살펴보았지. 그랬더니 어미 염소가 한창 새끼를 낳고 있지 뭐야.

"풍선같이 생긴 거 보여? 저거 말이야, 저거! 저게 새낀가 봐!"

"새끼는 아닌 것 같은데? 눈, 코, 입이 없잖아!"

나는 여학생들이 흥분해서 떠드는 말을 들으며 수의사로서 나서야 할 때라고 생각했지.

"저기 풍선처럼 생긴 하얀 막을 말하는 거니? 저건 태막이라는 거야. 태막은 배 속에서부터 새끼를 보호하는 막이지. 태막이 저 정도까지 나왔다는 건 이미 분만이 많이 진행됐다는 증거야. 아마 30분 정도만 기다리면 새끼가 나올 거야."

여학생들은 낯선 사람의 설명도 고개를 끄덕이며 열심히 들었어. 어미 염소가 잠시 멈췄던 진통을 다시 시작했어. 그러자 풍선 같던 태막이 '펑' 터지면서 바람 빠진 양 축 처졌고, 새끼 염소의 다리가 얇은 양

막 사이로 보이기 시작했어. 양막은 태아와 양수를 감싸고 있는 투명하고 얇은 막이란다.

그때부터 어미 염소는 앉았다, 일어섰다를 반복하면서 연방 "매애!" 하고 애처롭게 울어 댔어. 그러고는 마침내 사육장 한구석에 자리를 잡고 앉아 배에 잔뜩 힘을 주기 시작했지. 그러자 양막이 마저 터지면서 새끼 염소의 머리가 살짝 보이기 시작했어. 분만을 할 때 가장 중요한 점은 새끼 염소가 어미 배 속에서 세상 밖으로 나오는 자세야. 만일 새끼 염소의 엉덩이나 한쪽 다리, 혹은 머리만 먼저 나오면 새끼와 어미가 모두 죽을 수 있기 때문에 수의사인 내가 재빨리 도와주어야 해.

사람의 도움이 필요 없는 가장 좋은 자세는 마치 슈퍼

맨처럼 앞다리를 앞으로 쭉 내밀고 나오는 거야. 지금까지 지켜본 바로는 분만 자세도, 걸리는 시간도 아주 알맞았기 때문에 내가 꼭 도울 필요가 없었어. 그래서 철창 밖에서 온 신경을 집중하며 분만 과정을 조용히 살펴보았지. 분만이 시작될 때는 흥분해서 떠들던 여학생들도 어느새 숨죽이고 어미 염소를 지켜보았어.

그런데 갑자기 분만에 문제가 생겼어. 새끼 염소의 머리가 보이기 시작한 뒤로 어미의 진통이 계속 심해지는데도 새끼는 좀체 나오지 않는 거야.

'어이쿠, 저러다 큰일 나겠다!'

나는 조심조심 사육장 안으로 들어가 살며시 어미 염소 옆에 앉았어. 일단 손으로 새끼 염소의 머리를 살며시 눌러 주면서 다리를 가볍게 잡아당겼어. 그러자 새끼 염소의 머리가 무사히 빠져나왔어. 이제 가장 힘들고 위험한 고비는 넘긴 거야. 남은 일은 어미 염소가 마지막 힘을 다해 새끼를 세상 밖으로 내보내는 것이지. 그것마저 도와주면 고통 없이 분만한 어미 염소는 새끼를 돌보지 않을 수도 있기 때문에 나는 다시 사육장 밖으로 나왔어. 분만의 마지막 순간, 어미 염소가 비틀비틀 일어서더니 몇 바퀴를 뱅뱅 돌았을까? 마침내 새끼 염소가 쑥 튀어나왔어. 동시에 새끼 염소의 입에서도 어미와 똑같은 "매애!" 하는 울음소리가 터져 나왔지.

여기저기서 "와!" 하는 함성과 함께 박수 소리가 요란했어. 여학생들은 마치 축구 경기에서 우리 편이 골을 넣은 듯 박수를 치며 좋아했지. 어미 염소는 아픔도 잊은 채 열심히 새끼의 몸에 묻은 양수를 핥아 주었어. 태어난 지 겨우 10분밖에 되지 않은 새끼도 비틀비틀 일어서더니 곧장 어미의 배 아래로 들어가서 젖을 찾아 빨기 시작했어.

↪ 어미 염소 몸에서 나오고 있는 태막

흥분이 가시지 않은 여학생들은 여전히 재잘재잘 떠들고 있었지. 나는 여학생들에게 알려 주고 싶은 것들도 많았지만 입 밖으로 꺼내지는 않았어.

'사실 새끼 염소가 저렇게 일어서서 어미젖을 빨기까지가 매번 아슬아슬하단다.'

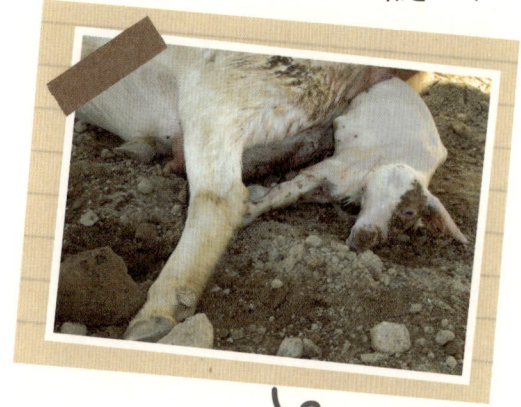

↪ 앞다리와 머리까지 나온 새끼 염소

'이제 어미 염소가 한 번 더 진통하면 몸속에 남은 태반이 빠져나올 테고, 어미는 좋은 호르몬과 영양분이 고스란히 담긴 태반을 먹고 다시 체력을 회복할 거야.'

'새끼는 한두 시간 지나면 껑충껑충 뛰어다닐 거야. 그러면서 배고프면 어미젖을 수시로 찾아 빨아 먹겠지.'

이런 사실들을 몰라도 오늘 새로운 생명 탄생을 지켜본 여학생들은 언젠가 이 순간을 꼭 한번쯤 소중하게 떠올릴 테니까.

 # 어미젖, 그 놀라운 힘!

2005년 5월 13일

'오후 3시 새끼 염소가 갑자기 죽었다.'

'오후 4시 새끼 과나코도 따라서 죽어 버렸다.'

동물원은 울음소리만 없을 뿐 초상집이나 다름없다. 함께 동물을 키웠던 도우미들도 힘이 빠져 멍해 있었다.

3주 동안이나 우유를 먹이고 정성껏 키운 과나코와 염소인데, 이제 사료에 적응시키고 나서 어미 곁으로 돌려보내려던 참나였는데…… 너무 마음이 아프다. 힘들게 키운 만큼 정도 많이 들었나 보다.

어찌된 일일까? 무슨 이유에서일까?

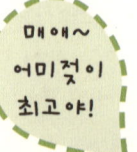

매애~ 어미젖이 최고야!

　이 순간만 생각하면 지금도 가슴이 아파. 태어날 때부터 손수 받아서 우유를 먹여 정성껏 키우던 놈들이었거든. 그런데 갑자기 손쓸 새도 없이 죽어 버린 거야.

　아마 독립 훈련을 시킨다고 억지로 무리 속에 잠

깐 넣기도 하고, 이유식을 먹인다고 마른 사료들을 맛보이는 과정에서 세균에 감염된 모양이야. 언제까지나 우유만 먹일 수는 없기 때문에 꼭 거쳐야 하는 과정이야. 하지만 안타깝게도 과나코와 염소는 이런 과정을 견뎌 내지 못했어.

과나코와 염소가 그 과정을 견디지 못할 만큼 약했던 이유는 어미의 보살핌을 받지 못해서야. 좀 더 과학적으로 말하자면 어미가 맨 처음 주는 젖인 '초유'를 먹지 못해서야. 초유에는 면역 성분이 들어 있단다. 초유는 새끼가 스스로 면역력을 키우는 두세 달 동안 외부의 병균으로부터 지켜 주는 의사 같은 역할을 해. 그래서 초유를 먹고 안 먹고에 따라 새끼의 건강이 좌우되기도 하지. '설마 그럴까?' 하고 의문을 갖는 사람들도 많지만 사실이야. 사람도 마찬가지로 초유를 먹은 아기들은 더 건강하게 자랄 수 있어.

어미가 직접 새끼를 키울 때와 사람이 데려와서 우유를 먹여 키울 때에 새끼가 생존할 확률은 무려 5배 이상 차이가 난단다. 당연히 제 어미가 키울 때 훨씬 더 잘 살지. 어미젖을 먹고 어미의 심장 박동 소리를 들으며 자라는 것이 얼마나 중요한지 알겠지? 새삼 우리 엄마가 무척 감사하게 느껴지지 않니?

어미젖을 빨고 있는 새끼 원숭이

 망토개코원숭이의 자식 사랑

"큰일 났어요, 망토개코원숭이들이 또 크게 싸워요."

나는 직원들과 함께 후다닥 망토개코원숭이 사육장으로 달려갔어.

"또 암컷들끼리 순위 다툼을 하고 있어요. 한데 이 녀석들이 엉뚱하게 가장 나이 많은 암컷한테 공격을 쏟아 붓네요. 저기 좀 보세요."

사육사가 가리킨 암컷 망토개코원숭이는 한눈에 보기에도 어깨와 콧등에 심한 상처를 입고 있었어. 하필이면 민감한 콧등에 저렇게 깊은 상처가 나다니!

"어깨 상처는 둘째 쳐도, 콧등에 난 상처는 아주 심각한데요. 어서 꿰매야겠어요!"

그런데 암컷 망토개코원숭이의 상처를 관찰하면서 조금 이상하다는 생각이 들었어.

'나이가 많아도 저렇게 호락호락 당할 녀석이 아닌데, 어쩌다가 저 지경이 된 거지?'

다친 암컷 망코개코원숭이를 자세히 보니 품에 새끼를 안고 있는 게 아니겠니? 암컷 망토개코원숭이가 올해 새끼를 낳았다는 데 생각이 미치자 그제야 상황이 이해가 되었지. 아마 새끼를 안고 보호하려다가 변

변히 공격도 못해 보고 속수무책으로 당했을 거야.

먼저, 상처를 입은 암컷 망토개코원숭이를 사육장에서 꺼내기로 결정했어. 그런데 망토개코원숭이는 무척 사나워서 가까이 다가가기조차 힘들었어. 망토개코원숭이들 사이에서 피를 볼 정도로 거친 싸움이 잦은 이유도 이런 성격 때문이야. 게다가 망토개코원숭이는 영리해서 먹이를 주는 사육사에게는 고분고분하다가도, 다른 사람에게는 바로 송곳니를 드러내고 공격하려 들거든. 섣불리 그물 같은 것으로 잡으려 들다가는 오히려 사람이 다칠 수도 있지.

어쨌든 더 큰 상처를 입기 전에 빨리 마취 총을 쏘아서 다친 암컷 망토개코원숭이를 사육장에서 꺼내기로 했어. 마취 총은 정확히 한 번에 목표물을 맞히지 못하면 오히려 동물들을 더욱 흥분시킬 수 있기 때문에 처음 쏘는 한 방이 가장 중요해.

"피융!"

다행히 암컷 망토개코원숭이를 맞혔어. 우리는 잠시 마취제가 퍼지기를 기다렸지. 그런데 암컷 망토개코원숭이는 자신보다 덩치 큰 침팬지도 그 자리에서 쓰러질 만한 분량의 마취제를 맞고도 꿈쩍도 하지 않았어. 다른 암컷 원숭이들이 또다시 우르르 공격할까 봐 조마조마하며 한참을 기다려도 전혀 쓰러질 기미가 없었어. 어쩔 수

> 엄마!
> 제가 지켜
> 드릴게요.

반마취 상태의
망토개코원숭이

없이 다시 한 번 마취 총을 쏘았지.

10분 정도가 지나자 드디어 암컷 망토개코원숭이가 휘청거리기 시작했어. 자세히 살펴보니 눈도 게슴츠레해졌고 얼마 안 가서 바닥에 쓰러져 겨우겨우 기어 다닐 만큼 마취가 되었어.

"어서 다른 원숭이들을 내실로 몰아넣으세요!"

내가 외치자 사람들이 우르르 움직였어. 한동안 망토개코원숭이들이 소란을 피우더니 곧 모두 내실로 들어가고, 다친 암컷 망토개코원숭이와 품에 안긴 작은 새끼만 남았지. 우리는 당연히 새끼 원숭이가 다른 무리들과 함께 달아날 줄 알았어. 보통 보호받을 곳이 없어진 새끼들은 겁을 먹어서 사람이 다가가면 악을 쓰고 멀리 달아나거든. 그런데 신기하게도 우리가 다가서도 새끼는 여전히 어미의 품에 달라붙어 있는 거야. 괴상한 소리를 내며 아무리 위협해도 새끼가 도망치지 않아서 하는 수 없이 억지로 떼어 내야만 했지.

어미 망토개코원숭이를 치료하면서 문득 아프리카 침팬지 사냥에 관한 이야기가 떠올랐어. 어미 침팬지들이 총에 맞아 죽어 가는 순간에도 새끼 침팬지들이 떨어지려 하지 않기 때문에 사냥꾼들이 손쉽게 새끼까지 잡는대. 새끼 망토개코원숭이도 이와 같은 경우겠지? 어미 망토개코원숭이가 죽은 새끼의 곁을 떠나지 못하는 것처럼 새끼도 죽은 어미의 곁을 지킨다는 생각이 들었단다. 어찌 보면 어미만 자식 사랑으로 새끼를 돌보는 것은 아닌가 봐. 새끼의 어미 사랑도 죽은 어미를 지켜 주고 싶을 만큼 크지 않을까?

# 다람쥐원숭이야, 슬퍼하지 마!

"벌써 며칠째 저러고 있어요. 어떡하죠?"

"안됐지만 어쩔 수 없네요. 억지로라도 떼어 놔야겠어요."

"역시 그럴 수밖에 없겠죠?"

원숭이 사육장 안에서 이리저리 돌아다니는 여러 마리의 다람쥐원숭이 중 한 마리를 보며 사육사 아저씨와 나는 마른침을 꿀꺽 삼켰어. 정말 쉽지 않은 결정이지만 어쩔 수 없었지. 우리가 바라보고 있는 다람쥐원숭이는 얼마 전에 새끼를 낳은 어미인데, 새끼는 태어난 지 일주일 만에 그만 죽어 버렸어. 그런데 어미 다람쥐원숭이는 죽은 것을 아는지 모르는지 새끼를 끌어안고 이리저리 돌아다녔어. 애처롭고 안타깝지만 죽은 새끼를 어서 떼어 놓아야 관람객들도 놀라지 않고, 어미가 마음을 정리하기도 좋을 것 같아 새끼 원숭이를 어미의 품에서 떼어 냈지.

"너도 이해하지? 이제 그만 죽은 새끼는 잊어 버려라."

그러고는 며칠이 지났어.

"오늘은 뭣 좀 먹었나요?"

"아니요, 아직 움직이려 하지도 않아요?"

무려 열흘 동안이나 어미 다람쥐원숭이는 음식을 전혀 먹지 않았어. 뿐만 아니라 움직이지도 않았지. 걱정스럽게 지켜보는 가운데 어미 다람쥐원숭이도 죽은 새끼를 따라 하늘나라로 가고 말았어. 너무 가슴이 아팠단다. 도대체 어미 다람쥐원숭이가 왜 그랬을까 궁금해서 책을 찾아보았어.

그랬더니 어떤 책에 이런 내용이 쓰여 있더구나.

'침팬지나 오랑우탄과 같은 유인원들은 새끼가 죽으면 슬픔에 빠져 죽은 새끼를 한동안 안고 다닌다. 그러다가 어느 순간 마음이 정리되고 새끼와 이별할 순간이 찾아오면 그때서야 죽은 새끼를 아무도 모르는 곳에 조용히 내려놓고 돌아온다.'

꼭 붙어다니는 어미와 새끼 다람쥐원숭이

어미 다람쥐원숭이도 죽은 새끼를 떠나보내기 위해서는 마음을 정리할 시간이 필요했던 거야. 그런 줄도 모르고 억지로 어미의 품에서 새끼를 떼어 내어 오히려 곱절의 슬픔을 안겨 준 거지.

이번 일을 통해서 어미에게서 억지로 새끼를 떼어 놓는 것이 얼마나 잔인한 일인지 다시금 생각하게 되었어. 사실 가축이나 애완동물들은 태어난 지 얼마쯤 지난 뒤에는 대부분 어미의 품에서 강제로 새끼를 떼어 내. 새끼가 어미 품에서 자연스럽게 떨어지는 시기가 언제인지는 전혀 배려하지 않은 채 말이야.

사랑해! 사랑해!

새끼를 잃은
어미 다람쥐
원숭이

야생의 초식 동물은 어미젖을 먹는 기간이 4달에서 6달 정도, 육식 동물은 4달에서 12달 정도야. 하지만 가축이나 애완동물의 경우에 초식 동물은 한 달 정도, 육식 동물은 보통 2달 정도에 강제로 젖을 떼어 버려. 젖을 뗀다는 것은 새끼를 어미의 품에서 강제로 떨어뜨리는 거야. 이렇게 마음대로 정한 기간은 사람의 입장에서는 참 편리해. 이 기간을 넘겨 버리면 개 같은 경우에는 야생성이 강해져서 사람이 통제하기 어려워지고, 어미젖에 익숙해져서 사료를 안 먹기도 하거든. 또 젖소 같은 가축들은 새끼들이 먹어야 할 우유를 기계로 짜서 사람들에게 대량으로 공급할 수도 있단다.

이렇게 사람을 위해서 강제로 새끼를 떼어낸 어미 동물들이나 어미 품에서 떨어진 새끼 동물들의 심정은 어떨까?

물론 모든 어미 동물들이 어미 다람쥐원숭이처럼 행동하는 건 아닐 거야. 그래도 그 마음만은 같다고 생각해. 우리가 미래에 유기축산을 하게 된다면 꼭 이런 강제 젖떼기는 없어졌으면 좋겠어. 유기축산이란 동물 복지를 생각하면서 가축을 키우는 것이니까. 오직 사람의 편의만 고려해서 동물을 기르는 것이 아니라 동물의 입장에서 한 번쯤은 생각했으면 해.

 토끼에게 사랑이란 약을 쏘옥!

"어? 토끼들 숫자가 줄었네요?"

토끼 사육장 앞을 지나가다가 이상해서 사육사 아저씨에게 물어보았어.

"토끼들을 어디 다른 곳으로 옮기셨어요? 지난번에 새끼를 낳아서 수가 꽤 많았었는데, 지금 보니까 많이 줄었네요?"

다시 한 번 물었더니 그제야 사육사 아저씨는 난처한 표정을 지으며 머뭇머뭇 대답했어.

"얼마 전에 다 죽었어요."

"네? 죽어요? 그 많던 토끼가 전부 죽었다고요?"

나는 한숨이 나왔지만 남은 토끼들이라도 살리는 것이 더 급했기 때문에 토끼들의 똥을 채취하고 피를 뽑아서 몸에 이상은 없는지 검사했어. 아니나 다를까, 현미경으로 본 토끼들의 똥 속에는 '콕시듐'이라는 기생충의 알이 가득했어. 이 기생충에 감염되면 장마철에 무른 똥을 싸며 무리가 한꺼번에 죽는 일이 많단다. 그래서 의학이 발달되지 못한 예전에는 '토끼가 설사를 하면 죽는다'고 해서 치료조차 하지 않았던 병이야. 하지만 지금은 좋은 치료약이 있어서 진단만 빨리하면 거의 살릴 수 있어.

그런데 이번 경우는 치료가 늦어져 몸이 약한 새끼 토끼들은 죽고, 남은 토끼들도 이미 기생충에 감염되어 무척 약해진 상태였지. 나는 치료를 서두르는 한편 사육사 아저씨에게 몇 가지 도움을 청했어. 남은 토끼들을 밖으로 절대 내보내지 말고 물기 많은 배추나 상추 같은 먹이도 먹이지 말고, 대신 신선한 물을 항상 주도록 했지.

그렇게 한숨 돌리고 나니 갑자기 화

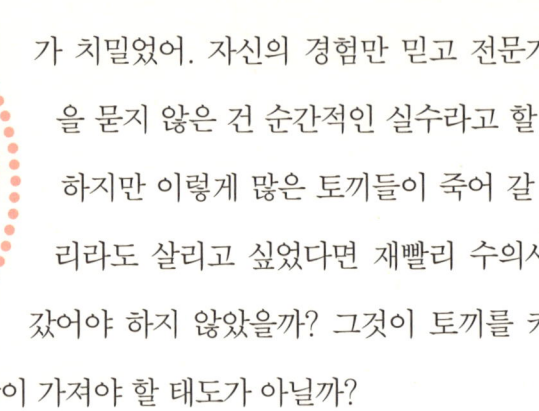

옹기종기 모여 있는 토끼들

가 치밀었어. 자신의 경험만 믿고 전문가의 의견을 묻지 않은 건 순간적인 실수라고 할 수 있어. 하지만 이렇게 많은 토끼들이 죽어 갈 때 한 마리라도 살리고 싶었다면 재빨리 수의사를 찾아갔어야 하지 않았을까? 그것이 토끼를 키우는 사람이 가져야 할 태도가 아닐까?

화를 가라앉히면서 나머지 토끼들의 상태를 살피는데 문득 약간 다른 두 마리가 눈에 들어왔어. 몸이 약해져서 금방이라도 죽을 것처럼 보이는 다른 토끼들과는 달리, 이 두 토끼는 아주 건강해 보였지. 문득 그 두 마리는 지난겨울에 우리 동물원에 기증된 애완용 토끼라는 사실이 생각났어. 어느 가족이 3년 동안 기르다가 갑자기 먼 곳으로 이사를 가는 바람에 동물원에 맡긴 토끼였어. 나는 그때 처음으로 토끼도 마치 개처럼 이름을 알아듣고 주인의 품에도 안긴다는 것을 알았어. 토끼가 길들여진다는 사실에도 놀랐지만, 그렇게 되기까지 토끼들을 진정으로 사랑했을 가족에게 더 감동했지.

3년 동안이나 사람의 사랑을 받으며 살았기 때문일까? 두 토끼는 다른 토끼들이 기생충에 감염되어 픽픽 쓰러지는데도 끄떡없었어.

'정말 사랑은 만병의 치료제인가 보나.'

이런 생각이 절로 들더라고. 체구가 작고 몸도 약해

서 금방 죽을 것 같은 강아지들도 사랑으로 돌보면 오히려 다른 강아지들보다 건강해지는 경우가 종종 있지 않니? 사랑이 만병의 치료제가 아니라면 설명할 수 없는 일이지. 사랑을 받고 자란 동물은 특히 면역력과 자신감이 강해진대. 사랑은 사람뿐 아니라 동물에게도 정말 위대한 약이라는 걸 새삼 깨달았단다.

어딘가 아픈 토끼

 미운 오리 새끼? 아니야, 아니야!

안데르센의 〈미운 오리 새끼〉 이야기는 다들 알지?

미운 오리 새끼가 오리들에게 구박을 받다가 자신이 백조라는 사실을 깨닫고 아름다운 백조가 되어 무리로 돌아가는 이야기 말이야. 그런데 이 이야기는 사실과 많이 달라. 안데르센도 거짓인 줄 알면서 이 이야기를 쓴 건 아닐 거야. 하지만 실제로 동물들의 습성을 자세하게 관찰하지 않으면 이렇게 잘못된 이야기를 쓸 수 있어. 그러면 어린이들은 잘못된 이야기를 사실인 양 믿어 버리지.

도대체 이 유명한 동화의 어느 부분이 잘못되었냐고? 우리 동물원에서 일어난 거위와 기러기 사이의 사건을 보면 알 수 있을 거야. 지금부터 그 이야기를 해 줄게.

캐나다기러기들이 모여 사는 사육장 안에 너구리가 자주 들어오자 사육사 아저씨가 심각하게 말했어.

"어떡하죠? 너구리 때문에 기러기들이 불안해해요."

"그럼 힘센 거위들을 사육장 안에 넣어 보면 어떨까요? 파수꾼 역할을 할 것 같은데."

그렇게 해서 10마리의 거위들이 캐나다기러기들과 함께 살게 되었

지. 한동안은 별문제 없이 잘 지내는 듯했어. 그런데 어느 날부터인가 기러기들이 알을 품기 시작하더니 많은 알 가운데 단 한 개에서만 새끼가 나왔어.

"이것 좀 보세요. 아무래도 거위 새끼 같지요?"

사육사 아저씨가 갓 태어난 기러기 새끼를 가리키며 고개를 갸웃거렸어. 새끼 기러기는 자라면서 점점 더 거위와 비슷해졌어. 부리에 거위 특유의 혹까지 나자 누가 뭐래도 새끼 거위라는 것이 분명해졌어.

'뻐꾸기도 아닌데 거위가 남의 둥지에 알을 낳았나?'

알고 보니 기러기들과 함께 지내던 거위들은 워낙 가축화된 탓인지 봄에 알을 낳고도 통 품지 않았던 거야. 그저 알을 귀찮은 듯 여기저기 버려두어 썩히기만 할 뿐이었지. 그런데 거위 알은 기러기 알과 색깔과 크기가 매우 비슷해. 알에 대한 애착이 강한 캐나다기러기는 자신의 알뿐만 아니라 버려진 거위 알마저 모아다가 품은거야. 그리고 태어난 거위 새끼도 제 새끼인 양 정성껏 키웠단다. 말하자면 〈미운 오리 새끼〉 이야기에서 자신들과 다르게 생긴 새끼 백조를 구박했던 오리들의 행동이 사실과는 다르다는 것이 증

연못을 헤엄치는 어미와 새끼 오리들

명된 거지.

　거위나 오리는 태어나서 맨 처음 보는 동물을 부모라고 생각해. 이것을 어려운 말로 '각인 현상'이라고 부른단다. 알을 깨고 나올 때 눈에 보이는 동물을 자신의 부모라고 여기고 끝까지 따라다니는 현상을 말해.

　벌써 1년이 지났어. 캐나다기러기들은 다시 알을 낳을 때가 되었지. 어른이 된 새끼 거위는 땅 위에 남겨 두고 기러기 부모는 높은 곳에 알을 낳았어. 캐나다기러기들은 보통 높은 곳에 알을 낳고, 암컷과 수컷이 번갈아 가며 알을 품거든. 그리고 알을 품지 않을 때는 밑으로 내려와서 먹이를 먹는 거야. 그런데 새끼 거위는 여전히 캐나다기러기를 자신의 부모라고 여기고 기러기 부모가 높이 날아오를 때마다 덩달아 요란스럽게 날갯짓을 하곤 해. 물론 날지는 못하지만 말이야. 그래서 지금도 캐나다기러기 부모는 높은 곳에서 알을 품으랴, 땅 위에서 새끼 거위를 돌보랴 아주 정신이 없단다.

요건 몰랐지?

재미있고 신기한 동물 이야기

 당나귀 똥 위로 미끄덩, 철퍽!

"아, 오늘은 양털이나 잘라 볼까!"

바람이 선선해진 가을 어느 날, 갑자기 양털을 잘라야겠다는 생각이 들었어. 사실 양털은 봄에 잘라야 하지만 이리저리 미루다가 이제야 하게 된 거야. 직원 몇 명과 나눠서 면양 한두 마리씩을 맡아 털을 자르기로 하고 우리로 갔어.

면양 우리에는 다른 군식구들도 같이 살고 있어. 짝을 지어 주었더니 오히려 암컷에게 큰 상처를 입힌 수컷 과나코 1마리, 암컷을 차지하려고 자기들끼리 날마다 걷어차고 물어뜯으며 싸움질을 해 대던 수컷

당나귀 2마리, 무리에서 치열하게 번식 싸움을 벌이던 수컷 무플론 2마리가 바로 군식구들이야. 이 녀석들 모두 암컷 때문에 싸우고서는 막상 암컷이 없는 면양 우리로 쫓겨나자 사이좋게 지내더라고. 면양, 과나코, 당나귀, 무플론, 이렇게 네 종류의 동물들이 별 말썽 없이 면양 우리 안에서 뒤엉켜 지내는 중이었지.

우리들은 이 와글와글한 우리 속에서 면양을 한 마리씩 붙들고 열심히 가위질을 했어.

"아유, 냄새!"

갑자기 누군가가 소리를 지르는 바람에 고개를 들어 보니 당나귀 한 마리가 한 직원 옆에 다가가 얼굴에다 콧김을 훅훅 내뿜는 게 아니겠니? 게다가 "끄윽!" 하고 트림까지! 윽, 초식 동물들의 트림 냄새는 방귀처럼 아주 지독하단다. 떨어져서 지켜보는 내게도 냄새가 느껴져서 절로 고개가 돌아갔지. 나는 재빨리 달려가서 녀석의 콧등을 때려 쫓고 다시 양털을 깎으려고 허리를 숙였어.

"어이쿠, 냄새야!"

다시 당나귀의 콧김 소리와 직원의 비명이 들려왔어. 못 들은 척 계속 양털을 깎는데 다른 당나귀가 슬슬 다가오더니 질펀하게 똥을 싸기 시작하는 거야.

"뿌직, 뿌지직! 철퍼덕!"

당나귀는 보통 송편처럼 동글동글한 똥을 싸는데 오늘따라 소화불량에라도 걸렸는지 소리도 요란하게 걸쭉한 똥을 싸더구나.

"에이, 일을 방해하려고 별짓을 다 하네!"

똥 냄새를 맡는 당나귀

그렇게 중얼거리려니까 아까부터 콧김을 뿜어 대던 당나귀 녀석이 슬며시 다가와 똥에 코를 대고 한참 냄새를 맡더니 걸쭉한 똥을 후루룩 들이켜지 뭐야! 당나귀나 말 종류는 배가 고프면 동료나 자신의 똥을 먹기도 하지만 이런 묽은 똥까지 먹는 것은 처음 보았어. 하지만 그런 사실이 신기하기보다는 속이 울렁거려서 참을 수가 없었지.

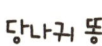
당나귀 똥

"아, 이 녀석들! 정말 더러워서 같이 못 있겠네!"

누군가가 투덜거리자 열심히 똥을 먹던 당나귀가 갑자기 고개를 들어 우리를 쳐다보더니 '씨익' 웃는 거야. 당나귀가 어떻게 '씨익' 웃느냐고? 정말 내 눈에는 그렇게 보였어! 녀석은 입가에 똥을 잔뜩 묻힌 채 우리 쪽으로 천천히 다가왔어. 우리는 순식간에 공포에 질려서 양털을 자르다 말고 뒤로 주춤주춤 물러섰지. 만약 녀석이 콧김이라도 훅훅 불면 어떻게 될지는 상상만으로도 끔찍했거든. 우리들 손에서 놓여난 면양들은 군데군데 기운 누더기 망토를 걸친 듯한 모습으로 남은 털을 휘날리며 힘차게 내달렸어. 나는 당나귀를 피해 도망가던 찰나에 녀석이 성큼 다가오자 놀라서 재빨리 뒤로 물러섰어.

'미끄덩!'

그 순간 나는 무언가 질척한 것을 밟고 미끄러지면서 그대로 공중에 붕 뜨고 말았어. 당나귀가 어느 사이엔가 내 뒤에도 똥을 질펀하게 싸 놓았던 거야. 나는 질펀한 똥 위에 그대로 뻗어 버렸지. 그러자 입에 똥을 묻힌 당나귀가 여유롭게 다가와 내 얼굴에 대고 연방 콧김을 뿜어 댔지. 나는 팔과 다리, 심지어 얼굴까지 순식간에 똥 범벅이 되고 말았 단다. 코는 똥 냄새로 얼얼해졌지.

그런데 이상하게도 똥으로 엉망이 되고 나니 오히려 마음이 편해지 더구나. 그날, 나는 혼자 남아서 우리 안을 내달리던 양들을 붙들어 털 을 모두 깎아 버렸어. 그러고 나서 똥이 말라붙은 옷을 갑옷인 양 걸치 고, 마치 개선장군처럼 당당히 면양 우리를 걸어 나왔단다.

씨익~
왜 자꾸
나를 피하는
거예요?

 수컷 공작이 꽁지깃을 살랑살랑

"누가 몰래 떼어 간 거 아닐까?"

"공작끼리 싸우다가 서로 물어뜯었을지도 몰라!"

아이들이 공작 사육장 앞에서 왁자하게 떠들고 있었어. 무슨 일인가 싶어 슬며시 살펴보니 꽁지깃이 거의 빠진 수컷 공작이 어슬렁어슬렁 돌아다니고 있었지.

'아하, 그래서 저렇게 의견이 분분하구나!'

저절로 웃음이 나왔어. 사실 수컷 공작의 꽁지깃은 겨우내 났다가 지금처럼 늦가을에는 모두 빠져 버려. 이 사실을 아이들은 몰랐던 거야. 물론 공작의 화려한 꽁지깃을 보고 싶었던 아이들에게는 안된 일이지만 말이야.

그런데 수컷 공작의 꽁지깃이 화려한 이유를 아니? 바로 수컷 공작이 암컷 공작을 유혹하는 데 꼭 필요하기 때문이야. 매년 봄, 공작의 짝짓기 철이 되면 수컷 공작은 화려한 꽁지깃으로 암컷 공작을 유혹한단다.

"내 꽁지깃이 어때요? 정말 화려하지요? 자, 나를 신랑감으로 선택해 주세요."

이렇게 짝짓기 철인 봄에는 수컷의 꽁지깃이 세상 무엇보다 화려해지고, 짝짓기가 없는 가을에는 꽁지깃이 모두 빠지는 거야. 꽁지깃이 빠짐으로써 이듬해 봄에는 더욱 화려한 꽁지깃이 새로 자라게 되지. 수컷 공작으로서는 꽁지깃 갈이가 해마다 되풀이되는 아주 중요한 치장인 셈이지.

혹시 동물들의 털이 얼마나 다양한 모양인지 아니? 부드러운 새의 깃털, 코끼리나 물범의 질기면서도 두껍고 부드러운 가죽, 뱀이나 도마뱀의 비늘, 사자나 치타의 짧게 달라붙은 털. 모두 모양이나 형태는 달라도 일종의 털인 셈이야. 동물마다 털의 모양이나 색깔이 다른 것은 수컷 공작의 꽁지깃이 화려한 것처럼 모두 그만한 이유가 있어. 북극곰이나 북극여우처럼 북극 지방 동물들은 털이 유난히 복슬복슬하고 하얘. 길고 하얀 털은 사이사이에 햇빛을 담아서 체온을 유지시켜 주는 데다가 하얀 눈 색과 비슷해 몸을 보호하는 데도 그만이야.

반대로 열대 지방에 사는 동물들은 털이 짧거나 거의 없어. 대신에 연약한 피부를 보호하기 위해서 천산갑처럼 두꺼운 비늘을 둘렀거나 고슴도치처럼 가시로 변한 털이 나 있기도 하지. 망토개코원숭이나 침팬지는 털 색깔로 우두머리를 나타내기도 한단다. 만약 망토개코원숭이나 침팬지 사육장에서 등에 회색이나 흰색 털이 섞여 나 있거나, 머리털이 거의 벗겨진 원숭이를 발견하면 이렇게 생각해도 좋아.

'아하! 털 색깔과 모양을 보니 힘센 수컷 우두머리가 분명해!'

호랑이나 물개는 감각모라는 수염으로 공기 중이나 물속의 미세한 진동을 느껴 어둠 속에서도 사냥할 수 있지. 감각모는 주로 포유동물의 몸에 나는데 외부의 자극을 민감하게 받아들이는 작용을 하는 털이야.

수컷 공작의
화려한 꽁지깃

이쯤되면 동물들에게 있어서 털이 얼마나 소중한지 알겠지?

그래서 동물들은 소중한 털을 손질하는 데 많은 시간과 공을 들여. 물새들은 깃털이 물에 닿으면 물을 먼저 털어 내고, 부리로 꽁지 끝의 기름샘에서 기름을 묻혀다가 온몸에 기름칠을 해 댄단다. 호랑이, 사자 같은 동물들은 온몸을 혀로 핥고 또 핥지. 해달이나 수달과 같은 수달과의 동물들은 몸의 물기를 벽에 훑어 버릴 수 있도록 집으로 들어가는 길을 아주 좁고 길게 만들기도 해.

그런데 사람들은 동물들에게 털이 얼마나 중요한지 잊어버리는 것 같아. 화려하고 부드러워 보이는 동물의 털로 옷을 만들거나 집을 장식하지. 그것 때문에 수많은 동물이 죽어도 상관하지 않고 말이야. 우리 나라 호랑이나 표범들이 멸종되었고, 미국들소나 낙타과인 알파카 같은 동물들도 비슷한 위기에 처했어.

아주 먼 옛날에 사람들은 연약한 피부를 보호하기 위해서 동물의 털로 옷을 만들어 입었지만, 지금은 동물의 털이 아닌 천으로 얼마든지 옷을 만들 수 있잖니? 단지 멋을 내고 남에게 잘 보이기 위해서 동물들의 목숨을 빼앗을 권리는 없어.

내년에도 화려한 꽁지깃을 펼쳐 보일 우리 동물원의 공작처럼 야생의 다른 동물들도 자신의 멋진 털을 마음껏 자랑했으면 좋겠어.

뾰족뾰족 가시 털

 ## 조잘조잘 앵무새 말 가르치기

"아, 포기다, 포기!"

나는 한숨을 내쉬며 큰 소리로 외쳤어. 아마존앵무새 하양이 앞에서 결국 두 손 두 발 다 들고 말았어. 하양이도 자기 덩치에 걸맞게 큰 목소리로 한 번 소리를 치더니 멀뚱히 나를 바라보았어.

내가 뭘 포기했는지 궁금하니? 바로 하양이에게 말하기 훈련을 시키는 거란다. 하양이는 누군가 동물원에 기증했는데 사육장에 넣기 전에 진찰실에서 며칠 돌보았거든. 그 며칠 동안 하양이에게 말하는 법을 가르쳐 보았지만 결국 실패한 거야. 아무리 가르쳐도 전혀 말처럼 들리는 소리를 내지 않더라고. 물론 모든 종류의 앵무새가 사람처럼 말할 수 없다는 걸 알지만 왠지 억울한 생각마저 들었어.

결국 조류 사육장으로 하양이를 넘겨줄 때가 되었어. 하양이를 넘기는데 사육사 아주머니께서 웃으며 물으셨어.

"이 앵무새, 말할 줄 알아요?"

"아니요, 말을 전혀 못해요."

이렇게 대답한 뒤에 갑자기 짓궂은 생각이 들었어.

"혹시 모르니까 한번 가르쳐 보실래요?"

사실 꼭 장난삼아 이렇게 말한 것은 아니야. 사육사 아주머니는 우리 동물원에서 일하신 지 1년밖에 안 되는데도 다른 사육사들이 못했던 많은 일들을 하셨거든. 가령 사람이 억지로 부리를 벌려서 먹이를 주어야 했던 '펠리'와 '칸'이라는 펠리컨이 일주일 만에 스스로 먹이를 사냥해서 먹도록 만들었어. 게다가 아주머니가 던져 주는 정어리를 입으로 받아먹는 재주까지 가르치셨지. 또 사육사가 꼭 먹이를 입에 넣어 주어야 먹는 습관을 가진 펭귄들 역시 일주일 만에 스스로 먹이를 찾아 먹도록 바꾸어 놓은 거야.

결코 사육사 아주머니에게 특별한 조련 기술이나 능력이 있는 건 아니야. 단지 동물들을 각별한 애정으로 대하고 돌보는 것 자체를 즐기는 것처럼 보였어. 나는 그런 아주머니의 모습이 존경스럽고, 부러운 한편 유치하지만 샘도 났던 거야. 그래서 이미 말을 못한다고 결론을 내 버린 하양이를 한번 가르쳐 보라고 말씀드린 거지.

어느 날, 사육장을 한 바퀴 도는데 사육사 아주머니께서 불러 세우더라고.

"바쁘지 않으면 이리 좀 와 보세요."

"무슨 일인데요?"

아주머니를 따라간 곳에는 앵무새 두 마리가 있었어. 평소 사람 말을 잘 흉내 내는 뉴기니앵무새 초롱이와 아마존앵무새 하양이였어.

'초롱이 녀석을 자랑하고 싶으셔서 그러나?'

고개를 갸웃거리며 바라보는데, 갑자기 아주머니가 하양이에게 다가가서 "안녕하세요?" 하고 인사를 하는 거야. 그러자 하양이도 "안녕하세요?" 하고 대답하는 거야. 공손하게 고개까지 숙이면서 말이지. 나도 덩달아 하양이에게 "안녕하세요?" 하고 인사했더니, 녀석도 "안녕, 안녕!" 하고 대답하지 뭐야. 내가 며칠이 걸려도 못했던 일을 아주머니는 또다시 뚝딱 해내신 거야. 어이없고 놀란 마음에 비결을 여쭤 봤어.

"하양이도 말을 잘할 수 있을 거라는 생각이 들더라고요. 그래서 매일 초롱이에게 인사할 때마다 하양이에게도 '안녕하세요?' 라고 인사하고 10분 정도 말을 걸어 보았어요. 그러자 평소 초롱이가 말하는 것을 유심히 듣는 것 같더니, 어느 날 제가 청소하고

있는데 '안녕하세요?' 라고 말하지 뭐예요."

아주머니의 이야기를 듣고 나도 모르게 외쳤어.

"그것 보세요. 제 말이 맞죠? 가르치면 말할 거라고 했잖아요."

사실 아주머니를 시샘해서 해 본 소리라 조금 쑥스럽더라고. 나는 앵무새 사육장을 나오며 혼자 웃고 말았어.

'아주머니 또 성공하셨군요. 요번에도 제가 졌습니다.'

"안녕!" 하고 인사하는 하양이

지붕 위의 비글

혹시 '스누피(snoopy)'를 아니? 스누피는 만화에 나오는 강아지 이름이야. 스누피는 종종 자기 집 지붕 위에 올라가 노란 미국원앙인 '우드스탁'과 이야기하곤 했지.

"개가 지붕 위에 올라간다고? 에이, 참! 그건 만화니까 그렇지."

만약 누군가가 이렇게 얘기한다면 내가 들려주는 이야기를 잘 기억해 뒀다가 말해 줘. 스누피를 그린 만화가는 정말 열심히 개를 관찰해서 그렸다고 말이야.

이건 우리 동물원에 있는 비글이라는 종류의 개 이야기야. 예전에 골프 선수 박세리가 데리고 다니던 개야. 박세리 선수의 경기 성적이 좋을 때는 덩달아 비글도 인기도 높아졌다가 박세리 선수의 성적이 나빠지자 비글의 인기도 시들해졌어. 그래서인지 우리 동물원에도 비글 한 마리가 주인의 품을 떠나 들어오게 되었어. 새 식구 비글은 동물원에서도 푸대접을 받았어. 진돗개들이 모여 있는 동물원 뒷마당 한 켠의 플라스틱 개집에 묶여 지내게 된 거야. 그런데도 성격 좋은 이 녀석은 사람이 곁에 가서 쓰다듬으면 앞발로 바짓가랑이를 붙들고 잘 놓아주지 않았어.

지붕 위를
좋아하는 비글

한번은 비글이 혼자 있을 때 무엇을 하면서 노는지 궁금해서 몰래 엿보았어. 그랬더니 녀석이 내 냄새를 맡았는지 갑자기 지붕 위로 올라가는 거야. 그러고는 코를 한참 킁킁댔지. 그러다 시간이 지나도 내가 나타나지 않자 뾰족한 지붕 위에 앉아 한참 동안 일광욕을 하지 뭐야. 아마 그곳에 올라가면 땅 위에서보다 냄새를 잘 맡을 수 있고, 멀리까지 잘 보인다는 사실을 알았던 모양이야. 내가 잠시 뒤에 모습을 나타내자 녀석은 지붕을 계속 오르락내리락하면서 기쁜 마음을 표현하더라고.

비글뿐만 아니라 동물들은 되도록 높은 곳으로 올라가고 싶어 해.

그 이유는 첫째, 다른 물체를 감시하기 쉽고 냄새를 잘 맡을 수 있어서야.

둘째, 우두머리의 위엄을 나타내기 위해서지. 물새장의 황새들은 항상 가장 꼭대기에 집을 지어. 망토개코원숭이나 닭 들 중 우두머리도 항상 가장 꼭대기에 앉지.

셋째, 잘 도망치기 위해서야. 개에게 쫓기는 고양이는 종종 나무 위로 달아나. 또한 개에게 쫓기는 닭들도 대부분 지붕 위로 달아나지. 너무 높아서 한 번에 못 오르면 중간쯤에서 다시 날아오르거나 아예 날카로운 발톱으로 벽을 타고서라도 올라가려고 해.

　만화가나 화가들은 동물들의 이런 특성을 자세히 관찰한 뒤 상상을 더해 작품을 그려 내지. 그런데 동물과 관련된 동화책에는 대부분 가장 기본이 되어야 할 관찰이 부족하다는 느낌이 들어. 또 작가의 상상력이 지나쳐서 동물들을 마치 사람처럼 표현하기도 하는 점은 너무 아쉽지. 소재가 된 동물을 세밀하게 관찰하고, 그것을 기본으로 상상을 보태되 거짓 없이 표현한다면 좋을 텐데. 동물에 관한 좋은 책은 바로 세심한 관찰에서 비롯되는 거니까.

 새끼 돼지꼬리원숭이의 탈출 소동

"이 녀석이 또!"

나는 후다닥 달려가서 재빨리 새끼 돼지꼬리원숭이를 잡았어. 새끼 돼지꼬리원숭이는 원망에 가득 찬 눈빛으로 날 바라보았지. 그도 그럴 것이 이제 막 손에 과자 한 개가 쥐어질 순간이었거든. 그래도 녀석은 금방 체념하더라고. 나는 녀석을 원숭이 사육장으로 돌려보냈어. 그러고 나니 웃음과 함께 한숨이 푹 나오더라. 몸집이 작은 새끼 돼지꼬리원숭이가 또다시 철창 틈새로 빠져나오는 것은 식은 죽 먹기니까 말이야. 돼지꼬리원숭이는 사람을 해치지는 않지만, 혹시라도 정신없이 놀다가 예전처럼 이웃한 개코원숭이 우리까지 들어가면 정말 큰일 날 수도 있어. 사나운 개코원숭이들이 조그맣고 낯선 돼지꼬리원숭이를 가만두지 않을 테니까 말야.

그래도 좁은 철창 틈새를 기어이 비집고 나오는 녀석을 보면 가끔은 대견하다는 생각도 들어. 늘 같은 환경의 답답한 사육장에 안주하지 않고 조금 더 나은 세상, 조금 다른 세상을 찾아

자유가 아니면 죽음을 달라!

좁은 틈새라도 비집고 뛰쳐나가려는 의지가 보이거든. 내 생각이 너무 지나친 것 같니? 하지만 좁은 철창에 끼이는 약간의 두려움만 이겨 내면 그때부터는 동물원 어디든 마음대로 돌아다니는 자유를 누릴 수 있어. 더구나 사람들이 주는 과자를 맘껏 얻어먹는 즐거움도 생기지. 새끼 돼지꼬리원숭이는 이 사실을 벌써 알고 있었던 거야. 만약 이 용감한 새끼 원숭이가 틈새에 대한 두려움에 몸을 움츠렸다면 철창 밖의 즐거움들을 하나도 누릴 수 없었겠지.

한번은 물새장에서 이런 일이 있었어. 물새장에 쳐진 그물이 찢어지면서 작은 틈이 생겼지.

"어, 저 녀석! 어디 가는 거지?"

우연히 근처를 지나다가 찢어진 그물 틈새로 빠져나오는 비둘기 한 마리를 보았어. 비둘기들은 자기가 사는 집을 좋아해서 좀처럼 떠나지 않아. 그런데 그 비둘기는 굳이 좁은 틈새를 벗어나 어디론가 날아가 버렸어. 그러더니 이틀 뒤에 다시 나타나서는 지붕 위에서 며칠 동안 우두커니 앉아 있더라고.

"얘, 비둘기야! 무슨 생각을 그렇게 하니?"

넌지시 물어보았지만 비둘기가 대답할 리 없지. 아마도 본능에 따라 그물 속으로 돌아갈 것인지, 아니면 처음으로 맛본 자유를 향해서 날아갈 것인지 고민하는 듯 했어. 결국 귀소본능이 자유를 향한 마음을 꺾

철창을 빠져나온 돼지꼬리원숭이

기는 했지만 나는 굉장한 발견을 한 느낌이었어. 바로 동물들의 개척 정신 말이야. 물새장에서 틈새를 발견하고 머리를 내민 용감한 비둘기에게 박수라도 보내고 싶었단다.

　가끔 우연히 생긴 틈새가 동물들에게 자유와 즐거움을 주곤 해. 하지만 동물원 밖에서는 조그만 틈새가 야생 동물들에게 오히려 위험을 부르기도 해. 사냥꾼들이 나무나 돌 틈새로 잘 다니는 너구리와 같은 동물들의 특성을 이용해 사냥을 하거든. 올무나 덫 등을 곳곳의 틈새에 설치하면 꼼짝없이 잡히고 말지. 동물원의 틈새 밖에는 자유가 있지만, 야생 세계의 틈새 밖에는 위험이 도사리고 있다고 생각하면 기분이 씁쓸해져.

자유를 갈망하며 우두커니 앉아 있는 비둘기

 갈갈이가 된 반달곰 삼 남매

우리나라에서 곰은 그다지 행복해 보이지 않아.

동물원이 아닌 곳에서 키워지는 곰들은 웅담을 빼앗기는 고통을 겪고, 동물원에서는 사람들에게 인기가 없어 찬밥 신세가 되곤 하지. 보통 동화책 속에 등장하는 곰 가족이나 곰돌이 삼 형제의 행복한 이야기는 그야말로 동화 속 이야기일 뿐이야.

그런데 이렇게 침울한 곰들에게도 즐거운 날은 있어. 바로 새끼 곰 시절이 그래. 새끼 곰이 태어나서 3개월이 지나면 어미 곰을 따라 바깥 나들이를 시작해. 작고 앙증맞은 새끼 곰들이 커다란 덩치의 어미 곰 곁에서 뒹굴며 장난치는 모습은 관람객들의 발길을 사로잡곤 하지.

"곰 세 마리가 한 집에 있어! 아빠 곰, 엄마 곰, 아기 곰!"

철창 밖에서 넋을 잃고 새끼 곰을 지켜보는 아이들 입에서는 여지없이 동요 '곰 세 마리'가 흘러나오지. 그러다 급기야 엄마, 아빠도 아이와 함께 동요를 합창해. 바야흐로 곰들의 행복한 나날이 시작된 거지.

우리 동물원의 반달곰 삼 남매도 무척 귀여웠어. 나도 이런 곰들이 무척 귀여워 가끔씩 어미 곰 몰래 사육장 안으로 들어가 새끼 곰들을 안아 주곤 했지. 그런데 새끼 동물들은 금세 커 버린단다. 내가 우리로

우리는 반달곰 삼 남매

들어가면 어느새 덩치가 조금 더 커진 새끼 곰들은 구석에 모여서 마치 위협하듯이 '웅웅' 하는 소리를 냈어.

"이 녀석들아! 내가 너희를 얼마나 예뻐했는데. 그새 컸다고 이럴 수 있냐?"

서운해서 새끼 곰들에게 화가 날 정도였어.

'조금만 더 사람에게 친근하게 굴어도 인기가 많을 텐데······. 사람만 보면 경계부터 하니, 도대체 무슨 자존심이 저렇게 세담!'

나는 새끼 곰들에게 실망하고 난 뒤로는 더 이상 관심을 두지 않게 되었지. 그러던 어느 날, 산에서 베어 온 소나무로 나무 사다리를 만들었어. 그런데 다 쓰고 나니 나무껍질까지 그대로 붙은 덩치 큰 사다리를 마땅히 둘 곳이 없는 거야. 문득 새끼 곰들 생각이 나더라고. 녀석들이 워낙 기어오르고, 올라타는 것을 좋아하는지라 나무 사다리도 꽤 재미있게 가지고 놀 거라는 생각이 든 거야. 그래서 사다리를 사육장 안으로 낑낑대며 들고 들어갔지.

그러자 참 재미있는 광경이 벌어졌어. 새끼 곰들이 사다리의 소나무 껍질을 대패질하듯 이빨로 마구 벗겨 내더니 속껍질을 찾아 먹는 거야. 한나절 동안 결국 사다리 한쪽의 소나무 껍질이 완전히 벗겨졌어. 곰이 나무껍질을 벗겨 먹는다는 것을 백과사전에서 얼핏 보기는 했지만 직접 본 건 처음이었어.

'자연에서는 그렇게 먹이를 찾아 먹었구나. 아직도 본능을 잊지 않았다니!'

새끼 곰들을 보고 있자 웬일인지 가슴 한쪽이 찡해졌어.

"저 나무껍질들 좀 봐요! 청소거리만 생겼잖아요."

옆에 있던 사육사 아저씨가 투덜거렸지만 나는 못 들은 척했어.

'또 어디서 소나무를 가져오지?'

나는 벌써 저 사다리의 나무껍질이 다 벗겨지면 새 통나무를 한 개 더 넣어 줄 계획을 세우느라 정신이 없었거든.

똥이 좋아좋아!

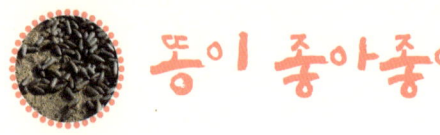

"야호, 드디어 똥을 눴다!"

병에 걸려서 며칠 동안 똥을 누지 못하던 얼룩말이 드디어 돌덩이 같은 된똥을 쌌어. 겨우 동물 한 마리가 똥을 쌌는데, 왜 이리 호들갑인가 궁금하지?

건강 상태가 좋지 않은 동물들은 똥을 잘 싸지 않거나 설사를 해. 그러다가 된똥을 누면 병이 다 나았다는 신호지. 그러니 아프던 동물의 된똥을 보면 나도 모르게 환호성을 지르게 돼.

"윽, 더러워!"

지금쯤 더럽다며 코를 막고 고개를 절레절레 흔드는 친구들도 있겠지만, 똥은 동물들에게 매우 중요하단다. 그래서 이번에는 동물들의 똥에 대한 재미있는 이야기들을 할까 해.

동물들의 똥은 동물의 종류만큼이나 모양이 다양해. 기린은 구슬처럼 동글동글한 똥을 싸고, 하마나 코끼리는 풀 덩어리 같은 똥을 싸. 말

호랑이 똥

말똥

부엉이 똥

은 송편처럼 예쁜 똥을 싸고, 낙타는 동글동글한 똥을 싸지.

똥 냄새도 가지각색이야. 초식 동물의 똥은 그다지 냄새가 나지 않지만, 원숭이 똥은 냄새가 심해서 옷이 살짝 스치기만 해도 바로 세탁실로 직행해야 해. 호랑이나 표범 같은 육식 동물의 똥에는 통째로 삼켰던 닭의 뼛조각들이 섞여 있고, 곰이나 개의 똥은 사람 똥과 비슷해. 새들의 똥도 모두 달라. 닭과 같은 새들은 무른 녹색 똥을 싸고, 독수리와 같은 맹금류들은 아이스크림 같은 하얀색 물똥을 '찍' 하고 날리 듯이 싼단다. 물론 미처 소화되지 않은 작은 동물의 뼛조각도 함께 말이야.

이처럼 동물들의 똥이 각각 어떻게 다른지 아는 것은 매우 중요해. 동물들은 건강이 안 좋으면 똥의 모양, 냄새 등이 달라지기 때문이야.

이 냄새 나는 똥을 먹는 동물들도 있어. 새끼들이 갓 태어나면 어미는 항문을 만져서 똥을 누게 한 뒤 전부 먹어 버려. 당나귀는 눈에 보이는 대로 아무 똥이나 주워 먹고, 동물원에서 기르는 개 '칸'도 산책을

나갈 때면 곳곳에 널린 고양이나 야생 동물들의 똥을 주워 먹어. 또 마치 먹어 치울 듯이 똥 가까이에 코를 대고 냄새를 맡는 동물도 많아. 똥 냄새로 똥 주인을 알아낼 수 있기 때문이야. 그래서 자신이나 새끼가 눈 똥을 없애서 적이 되는 다른 동물들 눈에 안 띄게 하려는 거지. 고양이는 자신의 똥을 땅속에 묻고, 개들도 되도록 자기 집과 멀리 떨어진 곳에 똥을 눈단다. 오소리나 너구리들도 한창 겨울잠을 자다가도 똥이 마려우면 집에서 멀리 떨어진 곳까지 나가 똥을 눠.

이렇게 동물들의 생활이 똥과 밀접하기 때문에 동물과 친해지려면 우선 동물 똥에 익숙해져야 해. 그래서 나 같은 야생 동물 수의사들은 항상 똥 범벅이 되어 살게 되지. 한번은 별로 더럽지 않은 것 같아서 옷을 갈아입지 않고 버스를 탔다가 사람들이 모두 나를 피한 일도 있었어. 나는 냄새가 안 나는 줄 알았지만, 그렇지 않았나 봐. 또 한번은 중국집에서 자장면을 먹다가 손님들을 모두 내쫓기도 했어. 내가 일부러 내보낸 건 아니고, 사람들이 모두 슬금슬금 나가더라고!

'나도 텔레비전 속 수의사들처럼 깔끔해지고 싶다고요!'

그래도 어쩔 수 없단다. 동물들의 똥과 수의사는 항상 같이 굴러 가는 수레바퀴와 같으니까 말이야.

 # 게코도마뱀아, 미안해!

어느 날, 친구가 게코도마뱀 두 마리를 준다고 해서 무작정 집까지 찾아갔어. 그런데 이래저래 걱정투성이였어. 앞뒤 생각할 겨를도 없이 덥석 도마뱀들을 길러 보겠다고 덤빈 탓에 게코도마뱀에 대해서 아는 것이 거의 없었거든.

물론 게코도마뱀이 주로 호주나 열대 지방에서 사는 몸집이 작고 사랑스럽게 생긴 도마뱀이라는 것 정도는 알지만 말야. 집 안 여기저기를 오가면서 해충을 잡아먹기 때문에 더욱 사랑받는 동물이기도 하지. 호주에서는 게코도마뱀 인형까지 만들어 팔 정도로 사랑받는 동물이야. 하지만 이런 정도의 정보로는 게코도마뱀에게 별 도움이 될 것 같지 않았어. 당장 추운 날씨에 도마뱀들을 무사히 데려가는 것부터 걱정스러웠어. 몸집이 작은 게코도마뱀 두 마리는 갑자기 좁은 상자 속으로 옮겨져서인지 몸 상태가 별로 안 좋아 보였어.

나는 상자를 차에 실은 뒤 집으로 서둘러 돌아왔어. 집에 도착해서 부랴부랴 상자를 열곤 딱딱하게 굳어 있는 도마뱀들을 보고 얼마나 놀랐는지 몰라. 정말 심상이 덜컥 내려앉았지.

'혹시 벌써 죽어 버린 걸까?'

차가워진 몸을 조심스럽게 만져 보니 다행히도 조금씩 배를 들썩이며 가느다랗게 숨을 쉬더라고. 그래도 이튿날 아침, 두 마리 모두 눈을 뜰 때까지 얼마나 조마조마했는지 몰라.

'정신 차려! 명색이 동물원 수의사인데 왜 이렇게 쩔쩔매는 거야!'

친구에게 얻은 게코도마뱀 두 마리

스스로 격려했지만 문제는 마음만 앞섰을 뿐 게코도마뱀을 맞을 준비가 제대로 안 된 거였어. 일단 하룻밤은 무사히 넘겼지만 이튿날에는 기어이 한 마리가 죽어 버렸어. 함께 지낼 동물에 대해 제대로 공부하지 않은 채 성급하게 데려온 내 잘못이 큰 것 같아서 마음이 아팠지.

그래서 남은 게코도마뱀에게 온갖 정성을 기울였어. 도마뱀이 지낼 수족관이며 열기구, 자외선 발생기, 물통, 먹이통, 깔판과 먹이 같은 보조 사육 도구들을 부지런히 장만했어.

'남은 도마뱀마저 죽일 수는 없어.'

이런 생각 때문에 더 열심히 게코도마뱀을 보살폈어. 그런데 온갖 정성에도 불구하고 이 도마뱀도 잘 움직이지 않았어. 게코도마뱀은 원래 왕성하게 움직이고 잘 운다는데, 어찌된 일인지 그저 캄캄한 집 안에만 틀어박힌 채 스프레이로 물을 뿌려 줄 때만 힘겹게 얼굴을 내밀었어. 더군다나 먹이를 먹지 않아서 더욱 애를 태웠지. 그렇게 일주일이 지나자 너무나 걱정된 나머지 억지로 밀웜을 입 안에 밀어 넣어 주었어. 밀웜은 딱정벌레 애벌레인데 게코도마뱀이 아주 좋아하는 먹이거든. 하지만 밀웜조차 삼키지 않고 다시 뱉어 내더라고. 나중에는 밀웜이 자라 딱정벌레가 돼서 오히려 게코도마뱀의 몸 여기저기에 붙어 괴롭혔지. 게다가 바깥으로 튀어나온 벌레들이 "찌르찌르르!" 하고 우는 통에 방 안에 시끄러운 소리가 진동했어.

노력이 부족했던 탓일까? 게코도마뱀은 두 달 동안이나 아무것도 먹지 않다가 결국 죽고 말았어. 난 너무 슬프고 부끄러워서 쥐구멍에라도 숨고 싶었어.

'동물을 치료하는 수의사가 오히려 도마뱀을 죽이다니…….'

성급하게 도마뱀들을 데려왔던 내 자신에게 너무 화가 났어. 도마뱀들이 죽은 이유가 추운 겨울에 긴 시간 동안 이동한 탓에 체온이 갑자기 내려간 탓인 것을 지금은 알기 때문이야. 파충류는 체온이 수시로 오르내리는 변온동물이지만 급격하게 체온이 저하되면 죽을 수 있거든. 게다가 환경의 갑작스러운 변화 역시 도마뱀들에게는 견딜 수 없는 스트레스였을 거야. 그러니 게코도마뱀을 기르겠다는 마음만 앞섰지 살던 집을 떠나는 것이 도마뱀들에게 어떤 의미인지를 배려하지 못했던 내 이기심이 결국 큰 화를 부른 거지.

작은 게코도마뱀 두 마리는 세상을 떠나면서 큰 깨달음을 주었어.

'동물에게는 자신이 사는 곳이 가장 최선의 환경이다. 만약 어쩔 수 없이 다른 곳으로 옮겨야 할 때는 그곳을 떠나는 순간부터 이전에 살았던 곳과 최대한 똑같은 환경을 만들어 주어라.'

 개 '칸'의 꽁꽁 얼어 버린 코

"눈이 저렇게 많이 오는 걸 보니 산책하기는 틀렸는데."

창밖에는 앞이 안 보일 정도로 눈이 내리고 있었어. 이렇게 눈이 많이 오면 산책을 할 수가 없어서 여간 불편한 게 아니야. 나야 동물들 상태도 살필 겸 사육장을 한 바퀴 둘러 볼 수도 있지만, 동물원 한쪽에서 기르는 개 '칸'은 꼼짝없이 줄에 묶여 있어야 하거든. 나도 산책을 좋

아하지만 칸은 밥 먹는 것보다 산책을 더 좋아할 정도였어. 어떤 책에 보니까 개들은 밥 주는 사람보다 산책시켜 주는 사람을 더 좋아한대. 그래서 펄펄 내리는 눈이 반갑지만은 않았어.

그날 저녁, 밥을 주러 갔더니 칸은 기운 없이 꼬리를 흔들었어.

'왜 요새는 산책 가자는 말을 안해요? 답답하니까 얼른 산책이나 가자고요!'

칸이 이렇게 말하는 것 같아서 밥만

주고 재빨리 뒤돌아 나와 버렸어. 칸의 서운한 눈빛이 뒤통수에 내리꽂히는 느낌이었지만 할 수 없잖아!

'이번 눈만 녹으면 꼭 칸을 데리고 산책을 가야지.'

이렇게 굳게 결심했지. 사실 쌓인 눈을 헤치고 다닐 생각을 하니 산책하고 싶은 마음도 사라졌거든.

며칠 뒤, 웬만큼 눈이 녹아서 산책하기에 딱 좋은 날씨가 되었어. 아직 군데군데 눈이 덜 녹았고, 산 중턱에는 발목까지 눈이 쌓여 있었지만 칸을 위해서라도 더 이상 산책을 미룰 수는 없었어.

'이번에 산 장화를 신어야지. 목이 긴 데다 털까지 달려 있으니 많은 눈에도 끄떡없을 거야. 게다가 아주 따뜻할 거야.'

칸을 데리러 가는 길에 새 장화의 성능을 시험해 보았어. 일부러 눈 쌓인 곳이나 웅덩이를 철벅철벅 걷고 뛰어다녔지. 역시 눈은 새 장화를 뚫고 들어오지 못했어. 괜히 마음이 든든해져서 얼른 칸에게로 갔어.

"자, 이제 산책할 시간이다!"

오랜만에 밖으로 나온 칸은 기뻐서 어쩔 줄을 모르겠다는 듯이 이리 뛰고, 저리 뛰어다녔어. 칸은 익숙한 길을 따라 혼자 앞서 나가다가 가끔 뒤돌아서서 빨리 오라고 짖기도 했어.

산에는 아직도 눈이 많이 쌓여 있었어. 우리는 눈밭에 남은 꿩이나 토끼 발자국을 구경하기도 하고, 쌓인 눈을 피해서 엉금엉금 기어가기도 하면서 모처럼 즐겁게 돌아다녔지.

나는 '그만 돌아갈까?' 하는 생각에 칸을 불렀어.

"칸, 얼른 돌아가자. 이리 와!"

그런데 칸은 마치 못 들은 척 언덕 중턱을 어슬렁대기만 하는 거야.

"칸, 칸! 어서 오지 못해?"

몇 번을 힘껏 부르는데도 말을 듣지 않아서 은근히 화가 났어.

'뭐야! 힘든데, 말도 안 듣고!'

씩씩거리며 곁으로 가 보니 칸의 상태가 조금 이상한 것 같았어. 가까이 다가가도 반기기는커녕 마치 내가 보이지 않는 듯이 행동하는 거야. 슬슬 걱정이 되어서 칸의 목에 목줄을 둘러 끌고 내려왔지. 이튿날 아침 일찍 살펴보니 칸은 예전과 다름없이 건강해 보였어. 그렇지만 한편으로는 걱정이 되었지.

'혹시 뭔가 이상한 병에 걸린 게 아닐까?'

걱정스러운 마음에 개 전문 수의사에게 물어보았어. 내 이야기를 귀 기울여 듣던 수의사가 말했어.

"추운 날씨와 눈 때문에 코가 얼어서 그랬나 봐요. 아시다시피 개들은 코가 민감하잖아요. 코에 감각이 없어지면 사람이 곁에 있어도 보이지 않는 것처럼 행동하거든요."

그 말을 들으니 모든 게 새로 산 장화 때문이라는 생각이 들었어. 만일 평소와 같은 신발을 신었더라면 발이 시려서 칸의 코가 얼 정도로 추운 것도 금방 알아차렸을 거야. 그런데 보온이 잘 되는 털 장화를 신은 덕분에 날씨가 얼마나 추운지 잘 느끼지 못했던 거지.

그 뒤로 난 개와 산책을 할 때는 절대 털 장화를 신지 않아. 값진 교훈을 하나 얻은 셈이지.

산책을 좋아하는 개 '칸'

말썽은 이제 그만

말썽쟁이 동물들의 동물원 적응 이야기

 호랑이가 물에 빠진 날

"삐익 삐!"

동물원에 비상이 걸렸어. 수컷 호랑이 한 마리가 전기 울타리를 뚫고 그대로 모트로 뛰어내린 거야.

호랑이는 모트에서 덤빌 듯이 우리를 향해 점프까지 해 댔어. 무서웠지만 우리 안을 어슬렁거리는 얌전한 호랑이만 보다가 그 모습을 보니 한편으론 신나더구나.

모트는 사람들이 있는 곳으로 동물이 나오지 못하도록 깊이 파 놓은 함정이야. 너희도 동물원에서 본 적 있지? 맹수 우리 앞에 파인 큰 강 같은 홈이 바로 모트야. 호랑이나 사자, 표범, 곰 등의 맹수는 주로 철창에 가둬 놓거나 모트라는 깊은 함정을 만들어 놔. 모트는 자연 친화적이긴 하지만 다소 불안해. 그래서 보통은 모트 앞에 보일 듯 말 듯 전기 울타리를 만들어 놓는단다. 전기 울타리에 살짝 감전되어 본 동물들은 다시는 울타리 근처로 다가가지 않거든. 또 모트에는 물을 채워 놓지. 물은 동물이 떨어져도 다치지 않게 보호하고, 다시 위로 뛰어오르지 못하게 막는 역할도 해.

호랑이는 약 2미터 정도를 점프할 수 있는데, 모트의 깊이는 약 4미

터 정도여서 사람들이 다니는 길로 올라올 염려는 없어. 하지만 사람들에게 두려움을 주어 소동이 일어날 수 있기 때문에 재빨리 구출해 내야 해. 그래서 사육사, 수의사, 동물원 시설을 맡으신 분들까지 모두 머리를 맞대고 호랑이 구출 작전을 세우기 시작했어.

★1단계 : 사다리를 놓고 스스로 올라오도록 유도한다.

우리는 일단 이 계획에 따라 철제 사다리를 설치했어. 하지만 사다리가 휘청거려서 호랑이가 제 발로 올라올 것 같지는 않았지. 예상대로 호랑이는 오후 내내 사다리를 거들떠보지도 않는 거야. 그래서 굵은 소나무를 베어다가 굵고 단단한 사다리를 만들었어. 그리고 저녁 내내 가만히 놓아두었지. 이튿날 아침에 보니 사다리의 중간쯤까지 올라왔었던 모양이야. 사다리는 200킬로그램이나 나가는 호랑이의 몸무게를 이기지 못해 일부분이 파손되어 있었어. 이 계획은 실패였어.

★2단계 : 마취시켜 직접 옮긴다.

마취시키고 옮긴다는 계획은 어쩌면 매우 간단해 보여. 하지만 아주

위험한 방법이야. 호랑이가 마취되면서 얼굴을 물에 처박으면 익사할 수 있거든. 또 마취 총으로 쏘기에는 호랑이와의 거리가 너무 멀었어. 이런 위험과 어려움이 있지만 일단 밀고 나가기로 했지.

"피융, 피융!"

마취 총에서 화살 두 개가 날아가 호랑이 어깨에 정확히 꽂혔어. 이 수의사 선생님 실력도 대단하지? 지금 생각해도 어깨가 으쓱해지는걸. 정말로 꽤 어려운 작업이었거든. 아마 지금까지 내가 쏜 중에서 가장 먼 거리였을 거야. 10분 정도 지나자 호랑이가 제자리에 주저앉았어.

난 얼른 사다리를 타고 반쯤 내려가 긴 막대기로 호랑이 얼굴을 건드려 보았어. 그러자 갑자기 녀석이 "어훙!" 하면서 고개를 쳐드는 거야. 나는 흠칫 놀라서 뒤로 물러섰단다. 다시 5분 정도가 흘렀어. 호랑이가 고개를 차츰 아래로 떨어뜨렸어.

나는 '이때다!' 싶어 그물을 들고 모트의 물속으로 첨벙첨벙 들어갔어. 그러고는 호랑이가 물에 고개를 처박기 전에 얼굴에 그물을 씌워 손으로 받쳤지.

"어서 들어와서 도와주세요!"

나는 우리 밖에 있던 사람들을 모두 불러들였어. 그리고 다함께 힘을 합쳐 그물을 끌어올리기 시작했지. 지켜보던 사람들도 가슴을 쓸어내렸어. 아무리 동물원에서 길들여진 동물이라 해도 호랑이는 사나운 맹수가 틀림없어. 정말 위험하지. 호랑이가 마취에서 깨어나기 전에 재빨리 모든 일을 끝내야 해.

다행히 호랑이가 깨어나기 전에 무사히 우리 바닥에 눕혔어. 완벽하게 호랑이 구출 작전을 완수했지.

지금 생각해도 가슴을 쓸어내리는 아찔하면서도 신나는 모험이었단다.

 우당탕 도망치는 동물들

너희들도 텔레비전에서 가끔 이런 뉴스를 들었을 거야.

★ 서울어린이동물원의 코끼리가 공연 도중 탈출하여 주변 가게를 덮쳤다.

사람에게 잘 훈련된 코끼리라면 탈출해도 그리 큰 문제가 되지는 않아. 하지만 하필 허허벌판이 아니라 주택가로 도망쳐서 문제가 생긴 거야.

★ 서울대공원 늑대가 다른 곳으로 옮기는 도중에 탈출하여 산으로 도망쳤다.

무리를 이루고 사는 습성이 있는 하이에나나 늑대는 혼자 있으면 오히려 약해져서 불안에 떨어. 결국 탈출한 늑대도 멀리 도망가지 못하고 산자락 한구석에 숨어 있다가 잡히고 말았어. 사실 무리를 지어 사는 갯과의 늑대보다는 혼자 생활하는 고양잇과 동물들이 훨씬 위험하다는 걸 잊지 마.

★ 어느 산장에서 키우던 원숭이가 벌어진 우리 틈으로 탈출해 농가로 들어가 말썽을 일으켰다.

원숭이는 천방지축이라 다른 동물들보다 잡기 힘들지만 특별히 사람을 해칠 염려는 없어. 단지 주변을 난장판으로 만들기 때문에 말썽을 일으키면 어쩔 수 없이 사살하기도 해. 불편을 조금만 참으면 죽이진 않아도 될 텐데, 그걸 못 참는 사람들이 있어서 탈이야. 산으로 도망친 한 원숭이는 몇 년째 거기에 살며 등산객들과 친해져서 명물이 되기도 했단다.

작년 한 해 동안 내 귀에 들어온 동물들의 탈출 이야기들이야. 공공 기관에서 운영하는 동물원은 동물들이 안전하게 지내도록 관리가 잘 되고 있어. 그런데 요즘 새롭게 생겨난 사설 동물원이나 서커스단은 돈벌이가 우선이기 때문에 동물 관리에 허술해. 그래서 동물들이 탈출하거나 때로는 사람을 다치게 하는 일도 생겨.

무엇보다 대개 작은 동물원에는 동물 전문가가 없다는 것이 더 큰 문제야. 그저 대충 아는 지식만으로 동물들을 관리해서 문제를 일으키지. 동물을 어떻게 다루어야 하는지, 특정 시기에 동물들이 어떻게 행동하는지도 공부한 적이 없어서 알맞게 대처할 수 없는 거야. 동물들은 아무리 잘 길들여도 짝짓기 때 등 특정한 시기에는 제멋대로 굴어서 문제를 일으키거든. 그런데 그런 걸 모르니 갑자기 사고를 당하는 거지.

내가 가 본 개인 동물원 몇 군데는 원숭이와 맹수 사육장이 관람객과 너무 가깝거나 우리가 허술해서 동물이 도망치기에 딱 좋아 보였어. 결국 한 동물원에서는 탈출한 원숭이를 잡느라 애를 먹었다더라고. 하지만 동물 우리를 고치려면 돈이 많이 들기 때문에 이런저런 핑계로 미루는 동물원이 많아.

우리 동물원에서도 사육사가 실수로 문을 열어 놓아 백곰이 나왔다가 다시 잡혀 들어간 일이 있었어. 또 약간 열린 문틈을 비집고 나와 복도를 헤집고 다니는 하이에나를 사육사가 다시 우리로 들여보낸 일도 있었단다.

한번 생각해 봐! 복도에서 하이에나랑 딱 마주치는 장면을 말이야. 아마 너무 무서워서 꼼짝도 못할걸. 사실 하이에나는 자신의 사육사에게는 매우 얌전해. 직접 하이에나를 기른 사육사라면 큰 사고 없이 우리로 돌려보낼 수 있어. 그런데 하이에나를 잘 모르는 사람이 맞닥뜨리면 실제로 큰 사고가 일어날 수도 있지.

또 한번은 호랑이가 전기 철책을 뚫고 모트로 뛰어내린 사건도 있었어. 이 사건은 앞에서 이야기했듯이 큰 사고 없이 호랑이를 우리로 돌려보냈지만, 동물원 식구들도 너무 놀랐단다.

동물들은 우리가 마음대로 조정할 수 있는 기계와는 달라. 감정이 있고, 자신이 하고 싶은 대로 움직이기 때문에 언제 어떤 일이 생길지 모른단다. 꼭 어린아이처럼 변덕을 부리기 때문에 다루는 사람이 잠시 틈만 보여도 문제가 생기곤 해. 때문에 동물들을 더 이해하고 잘 보살피기 위해 노력해야 해. 어떻게 하면 더 편안하게 잘 지낼 수 있는지, 지금 필요한 것이 무엇인지 늘 고민하며 좀 더 세심하게 관찰하고 배려한다면 동물들은 우리와 훨씬 더 잘 어울려 살 수 있을 거야.

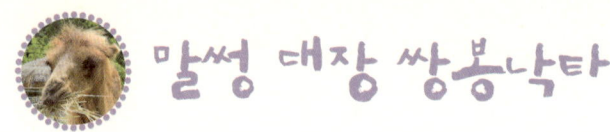# 말썽 대장 쌍봉낙타

"아이참, 이 녀석 또 말썽이야. 도대체 한두 번도 아니고!"

사육사 아저씨가 투덜대며 사무실로 들어오는 걸 보니 슬며시 웃음이 났어.

'이놈, 쌍봉낙타가 또 일을 저질렀구나! 이런 말썽꾸러기.'

오늘은 또 어떤 일인가 궁금해서 초식 동물 우리로 가 보았지. 쌍봉낙타는 차양에서 짚을 한 움큼씩 빼내고 있었어. 이 차양은 동물들이 눈이나 비를 맞지 말라고 해마다 새로 짚을 엮어서 만든 거야. 녀석은 짚을 한참 빼내더니 저만치 가 버렸어. 배가 고파서 그러나 싶었지만 짚을 빼놓기만 하고 그냥 가 버린 걸 보면 장난 같았어. 덕분에 염소와 당나귀들만 호강했지. 염소 한 떼와 당나귀들이 몰려와서 때 아닌 먹이 잔치를 벌였으니 말이야.

쌍봉낙타는 2005년 9월에 우리 동물원으로 왔어. 이제 5살 정도 되었지. 사람으로 치면 10살쯤 되는 나이야. 너희랑 비슷하지? 한창 말썽 부릴 나이기는 하구나. 우리 동물원에는 단봉낙타만 세 마리 있었어. 단봉낙타와 쌍봉낙타가 어떻게 다르냐고? 단봉은 혹이 한 개, 쌍봉은 혹이 두 개 달린 낙타란다.

어느 날, 경상도 진주에 있는 한 동물원에서 낙타를 맞바꾸자고 제안했어. 나이가 엇비슷한 단봉낙타와 쌍봉낙타를 맞바꾸자는 거였어. 마침 우리 동물원에는 쌍봉낙타가 한 마리도 없었기 때문에 좋은 기회였지. 우리는 그 동물원에 단봉낙타를 주고 쌍봉낙타를 데리고 왔단다. 그때 데려온 쌍봉낙타가 바로 이 말썽꾸러기 녀석이야. 처음 만났을 때 녀석은 부모와 함께 있었어. 부모는 자식을 데려가지 못하게 침을 뱉고 금방이라도 달려들 듯 껑충껑충 뛰고 한차례 난리를 피웠단다. 그걸 보

냠냠! 식사 중인 낙타

니 마음 한 켠이 짠하더구나. 어린 나이에 부모와 생이별을 시키다니! 지금 생각해도 너무 미안해.

쌍봉낙타와 단봉낙타는 사는 곳부터 달라. 쌍봉낙타는 주로 몽고의 고비 사막 같은 추운 겨울이 있는 사막에 살고, 단봉낙타는 아프리카의 사하라 사막처럼 덥기만한 사막에 살아. 책이나 텔레비전에서 사람들이 낙타를 타고 사막을 횡단하는 모습을 보았을 거야. 낙타는 주로 사막에서 운송 수단으로 쓰여서 사막의 배라고도 해. 어떤 낙타가 사람을 더 잘 태울 수 있을 것 같니? 혹이 두 개 있는 낙타가 사람이 가운데 앉으면 되니까, 훨씬 더 편리할 거 같지? 하지만 실제로는 쌍봉낙타는 야생 상태로 자유롭게 살고, 단봉낙타가 주로 가축으로 길들여져서 짐을 나르거나 사람을 태운단다. 난 그 점이 항상 의아했는데, 요 녀석을 보고 이유를 알게 됐어.

쌍봉낙타가 처음 동물원에 왔을 땐, 주변의 눈치를 보는지 얌전했어. 덩치가 크고 다리도 긴데, 저보다 절반밖에 안 되는 당나귀에게조차 쫓겨 다니곤 했어. 난 그 모습을 볼 때마다 혼자 중얼거리곤 했지.

"저 녀석, 참 덩치 값도 못하네."

한편 '너무 얌전해서 적응을 못하면 어쩌지?' 하는 걱정도 되었어. 그런데 그런 걱정은 모두 쓸데없었어. 한 달여간의 탐색기가 지나자 요 녀석이 무리를 장악한 거야. 무리의 대장 노릇을 하기 시작한 거지. 초식 동물 우리에는 당나귀, 염소, 산양 등 여러 종류의 초식 동물이 어우러져 살아. 당나귀 빼곤 다 고만고만해서 감히 쌍봉낙타에게 덤빌 녀석이 없거든.

대장이 된 녀석은 가장 맛있는 먹이와 양지바른 곳을 차지했어. 또 무리 내의 기강을 잡았지. 무리에서 같은 종끼리 사랑을 나누려고 해도 쌍봉낙타의 허락을 받아야 했어. 그런데 더 큰 문제는 사람한테 덤비기 시작한 거야. 한번은 다른 동물을 치료하려고 군인 도우미들과 함께 초식 동물 우리에 들어갔어. 그런데 평소에 나한테는 꼼짝 못하던 녀석이 낯선 사람들을 보자마자 앞발을 치켜들며 마구 달려드는 거야. 군인 아저씨들은 걸음아 날 살려라 하고 줄행랑쳤지.

또 이 녀석은 바바리양의 뿔에 자꾸 상처를 입으면서도 기회만 닿으면 싸움을 걸어. 바바리양을 한번만 제대로 이기면 더 이상 싸울 필요가 없을 텐데, 아무래도 장난삼아 싸움을 거는 것 같아.

그런데 참 이상하지? 난 말이야, 이 녀석이 하나도 밉지 않단다. 아무리 말썽을 일으켜 귀찮게 해도 녀석이 참 고맙단다. 제 부모에게서 떨어져 잘 적응하고 즐겁게 살아가는 걸 보면 너무 기뻐.

> 야, 왜 자꾸 귀찮게 싸움을 거는 거야?

말썽은 이제 그만

사람들은 자꾸 볏짚이 훼손된다고 난리지만, 볏짚이야 다시 올리면 그만이지. 하지만 한번 삶을 포기한 동물을 건강하게 회복시키는 건 그 수천 배나 어려운 일이거든.

↳ 말썽 대장 쌍봉낙타와 함께 찰칵!

권투 선수 타이슨, 닐가이를 가두다!

동물원에서 가장 다루기 힘든 동물이 무엇일까? 아마 사자나 호랑이 같은 육식 동물을 먼저 떠올릴 거야. 당연히 사나운 육식 동물은 다루기 힘들어. 반면에 초식 동물은 순해서 대부분 말을 잘 들어. 그런데 초식 동물 중에서도 다루기 힘든 동물이 있단다. 바로 닐가이라는 야생 영양 종류야.

닐가이는 말 사슴이라고도 불려. 말처럼 빠르고 체구가 크기 때문이야. 특히 수컷 닐가이는 날카로운 뿔이 있고, 무리 없이 혼자 살아갈 수 있을 정도로 강인해. 우리 동물원에는 '타이슨'이라는 이름의 수컷 닐가이가 있어.

"타이슨이라니? 권투 선수 타이슨 말이에요?"

이렇게 묻고 싶지? 그래, 맞아. 수컷 닐가이에게 '타이슨'이라는 이름을 붙인 것은 어두운 청색의 짧은 털이 덮인 몸에 마치 권투 선수처럼 근육이 툭툭 불거져 나와

타이슨으로 불리는 닐가이

있기 때문이야. 게다가 이 녀석은 몇 년에 한 번씩 큰 덩치와 날카로운 뿔로 같이 사는 라마들을 받아 버려서 10년 동안 두 마리가 죽었을 정도야.

"더 이상 안 되겠다. 이대로 두었다가는 불쌍하고 힘없는 라마들이 다 죽을 거야. 타이슨을 격리해야겠어."

나는 이번에도 타이슨의 뾰족한 뿔에 옆구리를 찔려서 깊은 상처가 난 라마를 치료하면서 입술을 질끈 깨물었어. 상처를 보니 마치 내 옆

구리가 찔린 것처럼 아프고, 새삼 타이슨이 두렵더라고. 마음 같아서는 타이슨의 옆구리를 한 대 때려 주고 싶었지만 무서워서 다가갈 수가 있어야 말이지.

타이슨이 더 이상 다른 동물들을 해치는 걸 두고 볼 수만 없어서 녀석을 격리시키기로 결정했지. 그런데 타이슨을 격리실까지 끌고 가는 것이 큰일이었어. 덩치가 큰 소도 여러 명이 달라붙어서 목에 밧줄을 걸면 저항을 못해. 그런데 타이슨에게는 가까이 다가설 엄두조차 못 냈지. 결국 마취제를 쓰기로 했지만, 문제는 초식 동물에게 맞는 마취제를 찾기가 어렵다는 거야. 초식 동물들은 내장 기관이 민감해서 자칫하다가는 치명적인 위급 상황이 될 수 있거든.

나는 밤새 공부해서 겨우 타이슨에게 맞는 약제를 찾아냈어. 이 약제를 마취 총으로 타이슨에게 주사하기로 했지.

"지금이에요!"

나는 적당한 시기를 노리다가 마침내 마취 총을 쏘아 마취 주사를 날렸어. 마취 주사는 제대로 날아가 타이슨에게 꽂혔지. 그리고 20분 뒤에 타이슨은 비틀거리다가 자리에 주저앉았어.

"얼른 눈을 가립시다!"

우리는 타이슨에게 조심스럽게 다가갔어. 그런데 녀석이 갑자기 벌떡 일어서더니 덤벼드는 거야. 보통 다른 동물들은 이렇게 마취제를 맞고 쓰러지면 바로 눈을 가리고 다리를 묶으면 별문제가 없었어. 그 생각만 했던 우리는 깜짝 놀라서 철창문 뒤로 멀찌감치 숨어서 겨우 한숨을 돌렸지. 그래도 담당 사육사와 나는 모처럼 찾아온 좋은 기회를 놓치기 아까워서 용기를 냈어. 둘이서 비틀거리는 타이슨을 몰아 겨우 격리실에 가두었어.

이렇게 타이슨을 다른 방에 따로 가두었지만 마음이 편치는 않았어. 동물을 가두어서는 안 된다고 반대하는 사육사들이 있고, 나 역시 그건 좋은 방법이 아니라고 생각하거든. 그래도 난폭한 동물 한 마리 때문에 나머지 동물들을 위험과 두려움에 빠뜨릴 수는 없어.

하지만 사람이라면 당연히 죄에 대한 벌을 주겠지만 단지 본능을 따랐을 뿐인 동물에게 벌을 주는 것이 과연 옳은지 고민스럽더구나.

 # 내 사랑 아기 불곰 우미

　큰 우유병을 벌써 두 병째 비웠는데도 우미는 아직도 배가 고픈지 낑낑거렸어. 어쩔 수 없이 우유병에 물을 넣어 입에 물렸지. 역시 물은 맛이 없는지 우미는 우유병을 몇 번 빨다가 내팽개치더라고. 이렇게 하지 않으면 우미에게서 우유병을 뺏을 수 없단다. 이제 드디어 우미의 배가 찼으니 슬슬 말썽을 부릴 시간이야. 아니나 다를까? 벌써부터 사무실 안에서는 사람들의 비명이 들려왔어! 정말 우미는 둘째가라면 서러울 말썽꾸러기야.

　그런데 우미가 누구냐고? 분유를 두 병 반이나 먹고도 더 달라고 징징거리고, 뒷발로 일어서서는 앞발에 잡히는 것은 무조건 던져 버리는 바로 새끼 불곰이야. 우미는 지금은 장난을 좋아하는 밝은 성격이지만 사실 슬픈 과거가 있어.

　지난해, 우미의 아빠인 수컷 불곰이 암에 걸려 죽었어. 그런데 수컷 불곰이 죽은 날짜를 따져 보면 도저히 우미가 태어날 수 없는데도 그해 겨울에 우미를 포함한 세 마리의 불곰이 태어난 거야. 동물원으로서는 뜻밖의 경사였지. 그런데 좋은 일 뒤에는 꼭 나쁜 일이 따른다더니, 곧 우미에게도 불행이 닥쳤어. 우미네와 같은 사육장에 살던 다른 암컷 곰

쑥쑥 자라는
새끼 불곰
우미

이 새끼 곰들을 빼앗아 간 거야. 아마 자신도 새끼를 키우고 싶었던 것 같아. 어미 곰은 다시 새끼들을 되찾기 위해 암컷 곰과 싸웠어. 그런데 두 곰의 싸움에 치여 새끼 곰 두 마리가 그만 죽고 말았어. 우미 역시 오른쪽 뒷발 발가락 두 개가 뭉개져 버렸어. 결국 우미가 더 크게 다치기 전에 사육장에서 빼내야 했지. 그때는 우미가 정말 작아서 걱정이었단다.

'잘 살 수 있을까?'

야생에서 생활하는 곰들은 겨울잠을 자면서 새끼를 낳아. 이때 새끼는 사람의 손바닥만큼 작단다. 이렇게 작고 여린 새끼 곰들은 어미 곰이 겨울잠을 자는 동안에 힘차게 어미젖을 빨아 먹으며 쑥쑥 커. 이윽고 따뜻한 봄이 되어 어미를 따라 밖으로 나올 때쯤이면 새끼들은 진돗개만큼 커져 있어. 그러니까 그때는 우미가 작고 약한 것이 정상이었던 거야.

우리는 눈도 못 뜨고 털도 없었던 우미를 위해서 진료실 한쪽에 잠자리를 마련했어. 그러고는 하루에 네 번씩, 사람들이 돌아가면서 분유를 먹였어. 우미는 우유병을 힘껏 빨면서 부쩍부쩍 자랐어. 역시 사랑으로 키우면 잘 먹고 잘 자라나 봐. 힘도 엄청나게 세지고, 발톱과 이빨이 자꾸 자라서 앞발에 닿는 것은 모두 찢어질 지경이었어. 사람들이 벗어 놓은 신발도 찢어지고, 소파의 솜은 전부 삐져나와 버렸지.

혼자서 진료실 문을 열고 밖으로 나갈 수 있게 되면서부터는 관람객들에게 사랑을 받았어. 관람객들 사이에서 두 발로 서서 걷고, 아이들을 쫓아다니고, 어른들 바짓가랑이를 붙잡고 늘어지는 장난을 쳤어. 관람객들은 우미를 좋아했지만 우리는 혹시라도 관람객들이 다칠까 봐 걱정스러워 몇 번이나 억지로 끌고 왔어. 나중에는 산책을 좋아하는 우미를 위해 가슴에 개 끈을 묶어 다니기도 했지만 도저히 우리 힘으로는 감당할 수 없을 정도로 자랐어.

우미의 장난에 사람들 몸에 붙이는 파스나 반창고가 늘어나면서 점점 우미를 떠나보낼 때가 가까워진 것을 느꼈어. 결국 우미를 다시 어

미 곁으로 돌려보내기로 결정했지. 우미는 처음에는 어미를 보고 겁을 내며 멀찌감치 떨어져 있었어. 하지만 어미가 다가와 열심히 핥아 주자 마음을 조금씩 여는 것 같았어. 그리고 곧 어미젖을 찾아 빨기 시작했지. 우미는 어미에게 일광욕하기, 나무 타기, 목욕하기, 서서 걷기 등 곰이 살아가는 데 필요한 기본들을 하나하나 배울 거야.

우미는 다시 어미 곁으로 돌아갔지만 우리가 다가가 살짝 부르면 어미를 버리고 철창 앞으로 쪼르르 달려와 두 발로 서서 우유를 달라는 듯 혀 차는 소리를 내곤 했어. 그 바람에 동물원에서는 우미와 키웠던 사람들과의 정을 끊기 위해 한 달간은 곰 우리에 절대 가지 말라는 엄명이 내려졌지만 말이야.

 '모모' 침팬지 판치의 하루

햇살이 따사롭게 내리쬐던 날, 나는 펠리컨 '칸'과 함께 기분 좋게 산책 중이었어. 그런데 누군가가 뚫어지게 바라보기라도 하는 듯 뒤통수가 따끔따끔한 거야.

'응? 누구지?'

머리를 긁적이면서 주위를 휘휘 둘러보는데, 저 멀리서 침팬지 '판치'가 빤히 지켜보고 있네!

'아하, 변함없는 판치의 일과가 시작됐나 보군. 지금 날 관찰하고 있는 거지? 자, 오늘은 골탕 좀 먹어 봐라. 쿡쿡!'

나는 속으로 웃으면서 재빨리 다른 곳으로 숨었어. 그러곤 몰래 판치를 지켜보았지. 판치는 꼭 킹콩처럼 철창을 타고 오르더니 두리번거리며 나를 찾았어. 한참을 두리번거린 뒤에야 찾기를 포기하고 제자리로 돌아갔어. 판치는 내가 지나갈 때마다 마치 감시 카메라처럼 눈 속에 내 모습을 담아 두었던 거야. 판치가 나를 지켜봐도 기분이 나쁘지는 않아. 다만 내가 잘못된 행동을 할 때마다 판치가 지켜보는 것 같아서 움찔움찔하게 된단다. 이를테면 길바닥에 아무렇게나 쓰레기를 버릴 때처럼 말이야.

곰곰, 판치는 생각 중

오늘도 변함없이 철창 밖 세상을 우두커니 지켜보는 판치를 보니 갑자기 궁금한 생각이 들었어.

"판치야, 뭘 보고 있니?"

판치에게 슬금슬금 다가가 물어보았어. 물론 판치가 대답할 리는 없지. 그래서 이튿날 아침 일찍부터 판치 곁에 앉아서 판치의 눈에 무엇이 들어오는지 지켜보기로 했어.

제일 먼저 판치를 찾은 친구는 참새들이야. 참새들은 우리 속으로 들어와 판치가 남긴 음식물을 부지런히 먹어 댔어. 판치는 참새들의 지저귐이 시끄럽지 않은지 꽤 흐뭇한 표정으로 지켜보다가 가끔 몸을 움직였어. 그때마다 참새들이 후루룩 날아갔지. 참새들이 날아간 뒤에는 비둘기들이 찾아왔어. 비둘기들은 쓰레기통 주위에서 끊임없이 무언가를 주워 먹더라고. 판치는 바닥을 쪼는 비둘기들도 재미있다는 듯이 바라보았어.

이윽고 사육사 아저씨들이 하나둘씩 모습을 보이기 시작했어. 어떤 아저씨는 수레를 밀고, 어떤 아저씨는 전동차를 타고 지나갔지. 판치는 가만히 바라보다가 친한 사육사 아저씨가 지나가면 조용한 목소리로 "욱, 욱!" 하는 소리를 냈어. 그러면 아저씨도 고개를 끄덕끄덕하며 인사를 했어. 또 다른 아저씨는 이를 드러내며 씩 웃어 보였고, 머리 위로

팔을 흔들거나 가슴을 치며 침팬지 식으로 인사하는 아저씨도 있었지.

사육사 아저씨들이 모두 지나가고 나면 관람객들이 하나둘씩 오기 시작해. 오늘은 한 가족이 침팬지 우리를 구경 왔어. 아이들은 우락부락한 수컷 침팬지인 판치를 멀리서부터 보고 "고릴라다!" 하고 소리쳤어. 부모들은 침팬지라고 적힌 표지판을 흘깃 보고는 "왜 이렇게 냄새 나고 더러워?" 하며 지나가 버렸어. 아무도 판치에게 따뜻하게 인사하거나 관심을 갖지 않더라고. 그런데도 판치는 그저 묵묵히 턱을 괴고 앉아서 그 가족들이 사라져 가는 뒷모습을 지그시 바라보았어. 아마 판치는 늘 이렇게 앉아서 연인들이 속삭이는 소리, 노부부가 다정하게 얘기하는 소리, 아이들이 침팬지를 보며 떠들어 대는 소리 들을 들으며 생각 많고 따뜻한 시선으로 관람객을 지켜보았을 거야. 비록 자신이 다른 원숭이들보다 인기가 없지만, 전혀 좌절하거나 원망하지 않는 것 같았어.

문득 얼마 전에 읽었던 《모모》라는 동화책의 주인공 모모가 생각났어. 언제나 말없이 다른 사람의 이야기를 다정하게 들어 주던 모모. 혹시 이 녀석 판치가 내가 애타게 찾던 모모는 아닐까 하는 생각이 갑자기 들었단다.

생각에 잠긴
오랑우탄

 독일에서 이사 온 귀염둥이 펠리컨

　오늘은 우리 동물원에 펠리컨 '펠리'와 '칸'이 처음 왔을 때 이야기를 해 줄게. 펠리와 칸은 저 멀리 독일에서 이사 왔단다. 우리 동물원에서는 펠리컨을 한 번도 길러 본 적이 없어서 다들 호기심 반, 두려움 반으로 기다렸어. 펠리컨은 커다란 상자 두 개에 담겨 도착했어.
　"퍼득, 퍼드득!"
　우리는 펠리컨의 요란한 날갯짓 소리에 깜짝 놀랐어. 먼 거리를 무사히 도착해서 다행이다 싶었지만 동시에 걱정이 물밀 듯이 밀려왔지.
　'저렇게 커다란 새를 어떻게 다루지? 성질도 사나울 것 같은데.'
　다들 벌벌 떨면서 슬슬 상자 곁으로 다가가 못으로 단단히 고정된 문을 열었어. 상자 속에 손을 넣어 펠리컨을 밖으로 꺼내는 것은 엄두도 못 내고 조심조심 상자를 옆으로 쓰러뜨렸지. 드디어 펠리컨들이 밖으로 걸어 나왔어.
　'와, 꼭 익룡 같다!'
　펠리컨은 커다란 부리와 몸통 때문에 얼핏 익룡처럼 보였어. 그런데 뒤뚱뒤뚱거리며 걷는 모습은 퍽 귀여웠어. 눈매도 그리 매섭지 않았고, 사람들을 일부러 피하는 것 같지도 않았어. 그러니까 더욱 친근하게 느껴지더라고. 그래도 함부로 만지지는 못하고 정어리와 물만 앞에 놓아 두고 모두 퇴근하기로 했어.

이튿날, 일찍 와서 보니 어제 두고 간 정어리가 그대로 있는 거야.

"어? 이러면 안 되는데!"

새들은 2~3일 동안 먹이를 먹지 않으면 목숨이 위태로워져. 그래서 펠리컨에게 강제로 정어리를 먹이기로 결정했지. 그런데 도와주겠다는 사람이 아무도 없는 거야. 서로 눈치만 볼 뿐이었지. 그러다가 막내 사육사가 한번 해 보겠다고 나섰어.

막내 사육사는 두터운 장갑에 얼굴을 쪼일까 봐 오토바이 헬멧까지 쓴 뒤 펠리컨의 날개를 붙들었어. 옆에서 다른 사육사가 부리를 벌리는 사이에 내가 재빨리 펠리컨의 입속으로 정어리를 밀어 넣었지. 그런데 의외로 녀석들이 넙죽넙죽 잘 받아먹는 거야. 정어리를 다 먹고는 물도 훌쩍훌쩍 마시더라고. 2~3일 뒤 우리는 펠리컨이 가장 사람을 잘 따르는 새라는 것을 알게 되었어. 친해진 사람 뒤를 졸졸 따라다니는 강아지 같았지.

펠리컨들을 언제까지나 사무실에 둘 수는 없어서 큰물새장으로 옮기기로 했어. 큰물새장에는 펠리컨이 이겨 내야 할 여러 가지 어려움이 있어. 거기에는 두루미, 학, 기러기, 황새, 고니 등 커다란 덩치와 날카로운 부리를 가진 새들이 주로 살거든.

'이렇게 순한 펠리컨들이 잘 적응할 수 있을까?'

하얀 털이 근사한 '펠리'

장난꾸러기 '칸'

나는 걱정스러웠지만 일단 펠리와 칸을 큰물새장으로 옮겼어. 이튿날에 보니 펠리컨들은 앞가슴에 약간씩 피가 나 있었어. 펠리컨을 공격한 새들이 여전히 주위를 맴돌고 있었지.

'어떻게 할까, 다시 빼 주어야 하나?'

한참을 고민하다가 이것도 결국 펠리컨이 큰물새장에서 지내려면 이겨 내야 할 과정이라는 생각에 그대로 두었어. 며칠이 지나자 더 이상 펠리컨들의 몸에 상처가 나지 않았어. 어느새 펠리컨들은 사육장에 완전히 정착한 거야. 게다가 사람을 잘 따라서 사육사 아저씨와도 금방 친해졌어. 이제는 정어리를 던져 주면 입을 벌려 농구 골대처럼 착착 잘도 받아서 먹는단다.

펠리컨들은 엉뚱한 짓도 잘 해. 한번은 펠리의 입속에서 무언가 커다란 것이 움직이는 바람에 부리를 벌려 보니 비둘기 한 마리가 산 채로 들어 있는 게 아니겠어? 비둘기가 정신없이 사료를 먹고 있을 때 덥석 물어 부리 속으로 집어넣은 거야. 비둘기를 꺼내어 날려 보내면서 혼자서 한참을 웃었어. 물론 비둘기에게는 십년감수한 사건이겠지만 말이야.

내년이면 펠리컨도 어른이 되어서 날 수 있을 거야. 펠리컨처럼 덩치가 큰 새들은 날개가 완전히 다 자라기 전 1년 동안은 잘 날지 못해. 뒤뚱거리며 걸어 다녀도 이렇게 재미있는데, 날아다니면 얼마나 더 즐거운 일이 생길까 벌써부터 기대가 돼.

24시간 바쁜 동물원 119

위험에 빠진 동물 이야기

 사슴아, 비닐봉지는 먹지 마!

"선생님 사슴이 쓰러져 있어요. 빨리 사슴 우리로 와 주세요!"

매우 긴급한 상황이야. 동물이 쓰러질 정도면 크게 다쳤다는 뜻이거든. 조금만 늦어져도 죽을지 몰라. 나는 발에 모터라도 달린 양 순식간에 사슴 우리 앞에 도착했어.

재빨리 다가갔지만 사슴은 눈만 두리번거릴 뿐 전혀 움직이지 않았어. 안타깝게도 별로 가망이 없어 보였단다. 뿔이 길게 자란 네 살배기 수사슴인데 한창 번식 철이라 아마 다른 수사슴의 뿔에 찔린 모양이야. 뾰족한 뿔에 찔리거나 이빨에 물리면 겉보기엔 상처가 거의 없어. 하지만 부검해 보면 피부에서 근육까지 찢어져 있고, 심한 경우 갈비뼈 사이에 구멍이 뚫려 있기도 해. 그러면 숨을 제대로 못 쉬어서 곧 죽고 말아.

최악의 상황을 생각하면서 일단 사슴을 진료실로 옮겼어. 제일 먼저 약한 포도당과 전해질이 든 수액을 주사했어. 사슴이 워낙 탈진 상태였기 때문에 수분을 보충해 주어야 했거든. 수액을 넣으면 혈관으로 약물을 쉽게 집어넣을 수 있는 길이 확보되기도 해. 그래서 수액 주사는 가장 중요한 기초 치료라고 할 수 있지. 한동안 수액이 몸속으로 들어가자 녀석은 정신을 차리는 듯 했어. 고개를 들고 반항까지 하는 거야. 나는 한시름 놓고 사슴을 편한 자세로 눕힌 뒤 밖에 나갔다 왔어. 하지만 다시 들어와 보니 사슴은 정성껏 치료한 보람도 없이 죽어 있는 거야. 잠시나마 희망을 가졌던 마음이 무너지는 것 같았단다.

나는 사슴의 심장이 멈춘 걸 최종적으로 확인하고 나서 치료실로 옮겨 부검을 시작했어. 역시 갈비뼈 양쪽에 구멍이 크게 났고 근육은 검붉게 멍들어 있었단다. 죽기 전에 얼마나 고통이 심했는지 심장을 감싼 심낭에도 물이 가득 고여 있었단다. 이런 여러 가지 상황들로 사슴이

죽은 이유는 심장마비이고, 심장마비를 일으킨 원인은 다른 사슴의 뿔에 받혀 갈비뼈 양쪽에 타박상을 입었기 때문인 걸 알았어.

 가슴 부검이 끝나자 이번에는 배 부위를 부검했어. 이런 경우에 복부의 장기인 간, 위, 창자, 신장은 지극히 정상이라 부검할 필요가 별로 없어. 하지만 부검은 형식적으로나마 순서대로 진행해야 했기 때문에 복부 부검을 한 거야. 그런데 위장을 만져 보니 무언가 크고 딱딱한 덩어리가 만져졌어. 사슴 같은 초식 동물은 위장이 고무처럼 말랑말랑해야 정상이야. 난 고개를 갸웃거리며 위를 칼로 잘랐어. 그랬더니 무엇이 나온 줄 아니? 바로 커다란 비닐 뭉치가 잇달아 나오는 거야. 도저히 사슴이 먹었다고는 상상할 수 없을 정도로 크고 많은 비닐 뭉치였

어. 가끔 사슴이 과자 봉지를 씹는 걸 보고 빼앗았지만 설마 삼키기까지 한 줄은 정말 몰랐단다.

이것을 보고 사슴이 죽은 원인을 다시 정리했단다. 이 사슴은 반짝거리는 비닐봉지를 너무 좋아해서 보이는 대로 삼켰던 거야. 비닐 뭉치는 소화가 되지 않기 때문에 결국 위 속에 차곡차곡 쌓여서 만성 소화 불량을 일으켰고 결국 몸을 약하게 만든 거야. 원래 동물의 세계에서 약한 녀석은 무리들에게 집단 따돌림을 받거나 구타를 당하기도 해. 이 녀석도 몸이 약해지자 다른 동료들에게 구타를 당해 심장마비로 죽음을 맞게 된 거지.

그렇다면 결국 사슴을 죽인 것은 이 비닐 뭉치를 버린 사람일 거야. 물건을 잘 두고 다니는 덜렁이 사육사일 수도 있고, 장난꾸러기 관람객들일 수도 있지. 우리들의 사소한 부주의가 사슴을 죽일 수도 있다는 거 다시 한 번 되새겨야겠지?

펭귄의 무서운 이름표

"피용."

마취 총의 화살이 개에게 똑바로 날아갔어. 화살은 개의 배에 제대로 맞았어. 하지만 개는 화살을 맞자마자 산속으로 부리나케 달아났지. 나는 사람들과 함께 부지런히 뒤따라갔지만 개는 보이지 않았어. 근처에 있던 공장 사람들에게도 부탁해서 함께 개를 찾아다녔어. 산속을 샅샅이 뒤진 뒤에야 어느 무덤가에 쓰러져 있는 개를 찾았단다.

개를 왜 마취 총으로 쏘았는지 궁금하지? 이 개는 나와 함께 마취 총을 쏜 아저씨가 예전에 키웠던 개야. 강아지일 때 목줄을 한 채 달아나 주변을 배회했는데, 시간이 지나면서 몸집이 커지자 목줄이 조여들어 살을 파고 들어갔대. 아저씨가 보다 못해 목줄을 풀어 주려 했지만 개가 워낙 사람 곁으로 다가오지 않아서 잡을 수 없었던 거야. 동물 병원에 도와 달라고 했다가 거절당하고 결국 나에게 찾아온 거란다.

마취된 개는 겉보기에도 목이 많이 상해 있었어. 개가 점점 자라면서 목줄이 살을 파고 들어가 그 주변이 모두 썩고 있었어. 목줄부터 제거하는 게 우선이었어. 재빨리 개를 안고 동물원으로 돌아와 목줄을 제거하기 시작했어. 정말 살이 썩는 냄새가 진동하더구나. 목줄을 떼어

낸 뒤에 썩은 부위를 깨끗하게 수술하고 소독해 주었어. 이제 개의 목은 깨끗해졌지만 내 손에서는 썩는 냄새가 쉽게 가시지 않았지. 하지만 한 생명을 살렸다는 기쁨에 기분은 무척 좋았단다.

동물원에서도 동물을 관리하기 위해 조임쇠 등의 기구를 사용해. 나도 펭귄을 관리하려고 '타이'라고 부르는 플라스틱 조임끈을 사용한 적이 있단다. 당시 동물원에 한 살배기 쟈카스펭귄 10마리가 한꺼번에 들어와서 관리가 필요했어. 펭귄 하나하나를 관리하려면 어떤 녀석이 어떤 녀석인지 구분해야 해. 그래서 나는 조임끈에 번호를 적어 각 펭귄의 오른발과 왼발에 번갈아 채워서 표시했단다.

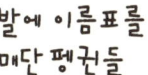
발에 이름표를 매단 펭귄들

그 뒤 2달쯤 지나자 펭귄들이 부쩍부쩍 자라더니 털갈이를 시작했어. 슬슬 내가 붙인 조임끈이 펭귄들에게 해를 입히지는 않을까 걱정이었어. 처음에 조임끈이 빠지지 않도록 꽉 조여 놓았거든. 그래서 그날 바로 펭귄 우리에 들어가 한 마리씩 붙들고 확인해 보니 그중 몇 마리는 조임끈이 다리에 꽉 조여들었더구나. 안되겠다 싶어 조임끈을 모두 잘라 내고 펭귄 한 마리 한 마리의 특징을 노트에 정리했단다.

우리는 흔히 동물들의 안전을 위한다며 연구나 조련을 목적으로 쇠나 플라스틱 이름표를 다리에 붙이곤 해. 이름표는 색상과 모양도 가지

각색이지. 생물학자들이 연구해서 안전하게 만들긴 했지만 항상 다시 한 번 검토하고 점검할 필요가 있어. 또 나만의 생각이지만 낯선 사물이나 냄새를 싫어하는 동물들의 본능 때문에 이런 부착물을 달면 집단 내에서 따돌림을 받거나 심하면 쫓겨날까 봐 걱정이 되곤 한단다.

당연히 이 기구들은 잘 관리하면 편리하고 동물들의 안전에도 한몫하지만, 조금만 소홀히 하면 동물들에게 치명적인 상처를 입힐 수 있다는 걸 잊지 마.

 # 귀한 손님, 철새의 죽음

근무 중이던 어느 일요일 오후, 동물원으로 전화가 걸려 왔어.

"저는 저수지에서 낚시를 하던 사람인데요. 주위에 가창오리처럼 보이는 새들이 죽어 있어요. 한 20마리 정도 되는데, 아직 한 마리는 살아서 비틀거려요. 어떻게 할까요?"

"그럼 일단 가만히 놔두시고, 인근 행정 기관에 연락하세요."

마음은 아팠지만, 내가 당장 할 수 있는 일이 없어서 이렇게만 말하고 전화를 끊었어. 그런데 잠시 뒤 전화벨이 또 울렸어.

"아까 전화했던 사람인데요. 휴일이라 연락이 안 되네요."

"119에 신고하셔도 될 텐데……."

"119를 기다리면 또 시간이 걸릴 테니, 제가 직접 데리고 갈게요. 새가 금방이라도 죽을 것 같아서요."

아저씨는 미처 내가 대답을 하기도 전에 꼭 기다리란 말을 덧붙이고 전화를 끊어 버렸어.

얼마쯤 지난 뒤 누군가가 사무실 문을 두드렸어. 한 아저씨가 아까 전화했던 사람이라며 자신을 소개한 뒤, 비실거리는 새를 책상 위에 내려놓고 꼭 살려 달라고 당부하고 돌아갔지.

아픈 새를 살펴보니 가창오리는 아니고 철새들 중에 귀한 손님에 속하는 큰기러기였지. 이런 큰기러기는 저수지 같은 작은 호숫가에는 잘 나타나지 않아. 아마 정기적으로 이동하던 중에 쉬려고 잠깐 내린 모양이야. 귀한 손님이라 꼭 살리고 싶었지만, 큰기러기는 계속 흐느적거리며 힘들어 하다가 한 시간도 채 안 돼서 죽어 버렸어. 겉으론 상처도 없고, 영양 상태도 좋아 보이는데 집단적으로 폐사했다니, 급성 중독이 가장 의심스러웠어. 급성 중독이란 짧은 시간에 독 등의 유독 물질에 중독되는 걸 말해. 원인은 두 가지 정도로 추측할 수 있어.

첫 번째는 누군가가 볍씨에 약물을 섞어 의도적으로 뿌린 거야. 간혹 철새들이 농사를 망친다며 벼를 보호하려고 약물을 뿌리는 농부들이 있어. 이런 경우에는 주로 청산가리를 쓰는데 요즈음에는 구하기가

힘들어. 그리고 청산가리의 독성은 바로 나타나기 때문에 의도적으로 동물을 죽였다면 이렇게 그냥 버려두었을 리는 없어.

　두 번째는 우연일 수도 있어. 함부로 버린 농약병에서 농약이 흘러나와 땅바닥에 있던 볍씨에 스며든 거지. 이 볍씨를 배고픈 큰기러기들이 주워 먹고 밤새 괴로워하다가 서서히 죽어 간 거야. 큰기러기를 부검해 보니 역시 위에서 파랗게 색이 변한 볍씨들이 나왔어. 볍씨들이 주로 식도 쪽에 몰린 것으로 보아 토해 내려고 애썼던 모양이야. 분명 큰기러기들은 죽기 전까지 무척이나 괴로웠을 거야. 난 두 번째 원인이 맞을 거라고 확신했지.

보통의 정상적인 새들이라면 의심스러운 볍씨는 쳐다보지 않아. 하지만 이동하던 철새들은 워낙 에너지 소비가 커서 배가 몹시 고팠을 거야. 그러던 차에 우연히 볍씨를 발견하고 우두머리가 덥석 집어먹자 모두들 따라서 먹었을 거야.

이렇게 추리하고 보니 내가 꼭 탐정이 된 기분이야. 하지만 이런 상황은 동물을 부검해 본 수의사라면 누구나 쉽게 추리할 수 있어.

큰기러기가 죽어서 안타까웠지만, 사실 처음 도착했을 때부터 얼마 살지 못할 거라고 생각했어. 이런 경우에는 살아날 가망이 약 10퍼센트도 없어. 약물에 중독된 동물에게는 신경 안정제나 진정제를 주사해. 하지만 이마저도 주사를 놓는 사이 죽어 버리는 경우가 대부분이야. 그런 경우에 도리어 수의사들이 돌팔이로 오해를 받기도 한단다. 그래서 차라리 하루 동안은 그냥 지켜보는 방법을 택하지. 큰 차이는 없지만 섣불리 치료하기보다 오히려 그 편이 나을 때도 있거든.

무엇보다 좋은 방법은 현장에서 바로 치료하는 거야. 주로 신경을 마비시키는 농약 중독은 호흡근이나 심장 근육을 약하게 만들기 때문에 수송 도중에 더욱 나빠질 수도 있거든. 그래서 처음에 전화가 왔을 때부터 가까운 행정 기관이나 119에 연락하라고 했던 거란다.

그런데 사실 우리나라의 수많은 행정 기관 중에 철새를 치료할 전문 능력을 갖춘 곳은 손꼽기도 힘들어. 그러니 이런 안타까운 일은 계속 반복될 수밖에 없지. 오랜만에 우리나라를 찾아온 귀한 손님들이 이렇게 허무하게 죽는 일이 빈번할 수밖에 없는 거야. '야생 동물 보호'에 대한 정책은 많지만 이를 뒷받침해 줄 행정 기관도 전문가도 부족한 게 현실이란다.

가끔 이렇게 퍼덕거리며 안타깝게 죽어 가는 귀한 생명을 볼 때면 그저 지켜볼 수밖에 없는 내 자신이 너무 부끄러워. 또 누군가가 무심히 버린 농약병을 보면 원망스럽고 안타까워진단다.

농약에 중독된 독수리

죽어 버린 큰기러기

뻣뻣하게 굳은 독수리

 야금야금, 동물들도 과자를 좋아해

가을이면 산에서 밤을 줍는 재미를 빼놓을 수 없지. 난 언젠가 욕심껏 밤을 줍다가 벌에 쏘여서 크게 혼난 적도 있었단다. 그때는 20방을 넘게 쏘여 병원에 입원할 정도였어. 그렇지만 밤 줍기가 너무 재미있어 가을이면 또 산에 오르곤 하지. 다람쥐를 생각해서 밤을 조금만 주우려 해도 어느새 바지 주머니에 밤알이 가득 차더라고.

불룩해진 주머니를 만지작거리며 신나게 사무실로 돌아오는 길에 원숭이 사육장 옆을 지나쳤어. 평소에도 원숭이를 보면 친근하게 느껴져 꼭 한 번씩은 돌아보곤 했거든. 그런데 오늘은 주머니에 밤알까지 한가득 들었으니 가던 걸음이 딱 멈춰졌지. 사육장 안에서 반갑게 알은 체하는 침팬지의 입에 밤을 한 톨 넣어 주었어. 침팬지는 밤을 난생처음 먹어 보았을 텐데, 이빨로 껍질을 까서 뱉고 하얀 알맹이만 먹는 거야. 마치 껍질은 떫고 맛이 없어서 먹을 수 없다는 걸 예전부터 아는 것처럼 말이야.

'원숭이도 사람처럼 밤 껍질은 떫어서 먹지 않는 걸까?'

나는 궁금한 마음에 종류가 다른 원숭이들에게도 밤을 한 톨씩 건네 보았어. 그랬더니 대부분의 원숭이들이 침팬지와 똑같은 방법으로 속

껍질까지 까서 버리는 거야. 원숭이들도 사람처럼 밤 껍질은 떫게, 밤 알맹이는 달고 고소하게 느끼는 것 같았어.

'그렇다면 다른 동물들은 밤 껍질의 맛을 어떻게 생각할까?'

이런 호기심이 들기 시작하니까 궁금해서 참을 수가 없더라고. 그래서 바로 사슴 사육장으로 가서 사슴들에게 밤을 몇 개 던져 주었어. 사슴들은 원숭이들과는 달리 킁킁 냄새를 맡더니 밤알을 그대로 우두둑 씹어 먹었어. 떫은 밤 껍질쯤은 아랑곳없다는 듯이 말이지. 이번에는 먹보로 소문난 당나귀에게도 밤을 주었어. 당나귀도 사슴처럼 밤알을 입에 넣고는 그대로 우적우적 씹어 먹더구나.

'동물마다 맛을 다르게 느끼는구나.'

나는 새삼 동물들의 세계는 참 재미있다는 생각이 들었단다.

그런데 이렇게 입맛이 다른 동물들도 한결같이 침을 흘리며 좋아하는 음식이 한 가지 있어. 그것은 바로 과자야. 과자는 대부분의 사람들도 좋아하잖아? 온갖 종류의 동물들도 마찬가지로 좋아해. 원숭이, 사슴, 심지어 오소리와 너구리, 새들마저도 과자를 즐겨 먹어. 밤 껍질의 맛은 서로 다르게 느꼈던 동물들이 과자는 한결같이 좋아하니 참 신기하지?

그런데 동물들이 과자를 좋아하게 되면 여러 가

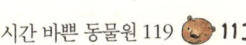

과자를 기다리는 망토개코원숭이

지 병이 생겨. 비만이나 충치, 심지어 각종 성인병까지 앓는단다. 사람들만 병에 걸리는 게 아니거든. 더군다나 동물들은 사람보다 판단력과 자제력이 약하기 때문에 계속 과자만 먹기를 바라고 원래의 입맛을 잃어버리는 경우도 많아.

　동물들의 입맛이 다 다르게 태어난 데에는 그만한 이유가 있는 데도 자신들에게 좋은 음식을 먹지 않으려 하니 참 큰일이지.

　이런 여러 가지 문제를 알지만 동물들이 그토록 좋아하는 과자를 못 먹게 말리기도, 사람들이 동물들에게 과자를 던지는 것을 막기도 상당히 어려워. 그래서 사람들이 던져 주는 과자를 즐겁게 받아먹는 동물들을 어쩔 수 없이 지켜보고만 있단다.

이런저런 생각을 하면서 사무실에 도착해서야 주머니에 밤이 한 톨도 남지 않은 것을 알았어. 바지 주머니는 이렇게 가벼운데, 왜 내 마음은 이렇게 무거운 걸까?

 정말 오소리는 물을 싫어해?

"어휴, 더워!"

하늘에서 거대한 온풍기를 틀어 놓은 것 같아. 하루 종일 부채질을 하고, 시원한 곳을 찾아 두리번거리느라 목이 다 아플 지경이야.

"왜 이렇게 더운 거야! 혹시 사무실도 온풍기를 잘못 튼 거 아냐?"

혼자 중얼거리면서 시원한 물 한 잔을 쭉 들이켰어. 요즘 들어 더위가 점점 심해져. 하지만 덥다고 시원한 사무실에만 앉아 있을 수는 없어서 사육장 순찰에 나섰지.

오소리 사육장에 가 보았더니 물통에 물이 하나도 없었어.

'오소리가 그새 물을 모두 먹어 치웠나? 사육사 아저씨가 물 주는 걸 잊어버렸나?'

난 고개를 갸우뚱거리며 돌아섰단다.

이튿날, 또 그 이튿날도 오소리 사육장의 물통은 여전히 말라 있지 않겠니? 난 고개를 갸웃거렸지. 마침 신참 사육사 한 명이 지나가기에 말을 걸었어.

"오소리에게 물 좀 주세요."

"오소리는 물을 먹일 필요가 없는데요."

나는 깜짝 놀라서 물어보았지.

"네? 아니 누가 그런 말을 했어요?"

"원래 오소리는 물 없이도 잘 사는데요."

곰곰이 생각해 봐! 이 세상에 물을 먹지 않고 살 수 있는 동물이 어디 있겠니? 사막에서 사는 낙타는 물이 없어도 살지 않느냐고? 낙타나 오릭스도 물 없이 오래 견딜 수 있을 뿐이지 물을 먹지 않는 것은 아냐. 물 없이 살 수 있는 동물은 세상 어디에도 없어. 모든 생물들이 살아가는 데 꼭 필요한 것 중 하나가 물이야. 우주 탐사를 할 때도 물이 있느냐 없느냐로 생물이 사는지 아닌지를 예측하잖아.

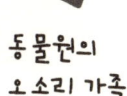

동물원의 오소리 가족

그래도 내가 혹시 잘못 알고 있나 싶어서 이것저것 책을 찾아봤어. 하지만 아무리 책을 뒤져 봐도 그런 말은 찾을 수가 없었어.

우리는 가끔 '그럴 거야.' 라고 생각하거나 '누가누가 그러더라.' 라는 말만 믿고 정말 그럴 거라고 단정하는 경우가 많아. 특히 자신의 경험이 많아질수록 스스로 아는 게 모두 옳다고 여기고 남들에게도 그것을 강요하지. 하지만 경험에서 얻은 지식이 전부 옳지는 않기 때문에 항상 옳은지 틀린지 점검해 볼 필요가 있어.

언젠가 한번은 아시는 분이 살무사 한 쌍을 잡아 왔어. 한 마리를 잡기도 힘든데 두 마리씩이나 잡다니, 아마 한창 짝짓는 시기였던 모양이야. 그분 손에 있으면 살무사가 곧 술병에 담길 것 같아서 계획에도 없

몸을 도사리고 있는 살무사

는 전시회 핑계를 대며 녀석들을 달라고 간청했지.

"아저씨, 동물원에서 한국 토종 뱀 전시회를 할 건데요. 이 뱀들을 좀 주시면 안 될까요?"

"에이, 어차피 가둬 놓으면 얼마 못 살 텐데요."

"제가 한번 잘 길러 볼게요. 부탁드려요."

"그럼 한번 길러 봐요."

결국 아저씨는 내게 살무사를 주셨단다. 녀석들이 정말 금방 죽으면 어쩌나 가슴 졸이면서 일단 수족관에 넣어 놨어. 그랬더니 며칠을 못 살기는커녕 얼마 지나지 않아 암컷이 새끼를 10마리나 낳았어. 어찌나 놀랍고 기쁘던지.

혹시 살무사라는 이름에 얽힌 이야기를 들은 적이 있니? 살무사는 살모사라고도 불리는데, '어미를 죽이는 뱀'이라는 이름 뜻 때문인지 '태어날 때 어미 배를 뚫고 나온다. 그래서 어미는 곧 죽는다.' 혹은 '태어나자마자 어미를 먹어 치운다.' 등의 이야기가 떠돌았어. 무서운 독사인데다 그런 이야기까지 보태지니 더 소름끼치지 않니? 그렇다면 수족관의 살무사들은 어떻게 될까? 나는 설마하는 심정으로 우려스럽게 지켜보았단다. 며칠이 지나도 어미와 새끼 모두 멀쩡히 잘 살아 있더구나! 모두 잘못 알려진 속설에 지나지 않았던 거야. 모든 뱀이 알을 낳는 데 반해 살무사는 몸속에서 알을 품고, 그 알에서 새끼가 깨어나니까, 다른 뱀들과 달라서 무시무시한 이름이 붙여진 것 같아.

이번 오소리 사건이나 살무사 이야기 외에도 이런 경우는 많단다.

홍학은 새우 가루를 먹어야 빛깔이 예뻐진다며 사료에 빨간색 새우 가루를 넣는 경우가 많았어. 하지만 사료에서 새우 가루를 빼도 깃털이 빛깔 하나 변하지 않고 예쁘게 잘 자라던걸. 그리고 북극곰은 기생충이 생길 위험을 방지하기 위해 꼭 삶은 닭을 먹이다가 영양가가 더 풍부한 생닭과 구충제를 함께 먹여도 전혀 이상이 없었어.

여러분! 내 아름다운 깃털 좀 보세요!

마치 유령처럼 우리 주변을 떠도는 동물에 대한 잘못된 속설이나 고정관념이 너무 많아. 어디서부터 시작된 말인지, 또 왜 그런 이야기가 나왔는지 근거가 없는 경우가 대부분이지. 너희도 한번 생각해 봐! 개나 토끼 등 동물을 키울 때 혹시 이런 말 들어 봤니? '토끼에게 물을 먹이거나 개에게 닭 뼈를 먹이면 죽는다.' 뭐 그런 비슷한 이야기들 말이야. 만약 토끼에게 물을 안 주고 먹이만 주면 배탈이나 심한 변비에 걸릴 수 있단다. 또 개에게도 튀기거나 삶은 닭 뼈를 주는 건 괜찮아. 대개 옛날부터 전해지는

'토끼에게 젖은 풀을 주지 마라'거나 '붕어에게 먹이를 주지 마라'는 이야기들은 동물에게 도를 넘는 행동을 하지 못하게 하려던 의도에서 나온 거야. 이렇게 잘못된 이야기를 믿었다가 키우던 동물이 혹 잘못된 일은 없었니? 조금이라도 의심스러운 말은 한 번쯤 사실을 알아보고 찾아보는 게 우선이겠지? 동물을 진심으로 사랑한다면 말이야.

우리 동물원에 사는 여러 동물들을 소개할게요.
귀엽고 엉뚱한 동물들의 모습에 흠뻑 빠져 보세요!

어디 맛난 개미 좀 먹어 볼까?

누가 제 손 좀 잡아 주세요!

사자도 헷갈리는 내 무늬

내 드레스 화려하지? 그런데 난 남자!

내 털은 건드리면 끝장

축! 풍산개 탄생!

쌍봉낙타 신병, 덩치가 장난 아니다.

음, 이것은 당순이의 달콤한 향기?

우리 새끼들은 승가를 해도 귀여워요.

물새장의 무법자여! 부리를 높이 들어라!

휴, 다리가 후들거리네!

저, 잠깐 일광욕만 하고 들어갈게요!

내 머리 스타일, 당연히 베컴이지.

영차 영차, 살빼기용 통나무 체조

코끼리 아저씨는 코가 손이래!

옷을 주든지, 피할 곳을 주든지

이 풀 진짜 맛있다. 엥, 못 먹는 풀?

잠을 많이 잤더니 눈이 좀 부었네.

추우니까 우린 좀 붙어 지내자.

캬! 바로 이 맛이야.

우리 그냥 사랑하게 내버려 둬.

알을 품자, 알을 품자, 힘차게

샤워할 물 좀 줘, 쭉 목욕했거든.

아, 날아갈 것 같아!

덤빌 테면 덤벼라, 대장 뿔이시다.

맛있는 건 먼저, 당근은 맨 나중

어쭈, 우리 호랑이를 우습게 보는데!

야, 성질 좀 죽여. 입 냄새 나.

내 수중 발레 실력 어때?

그것도 춤이라고 추냐?

날씨도 덥고, 할 일도 없고.

뭐해? 얼른 따라와.

달리고 달리고, 야호, 신난다.

우리 동물원에 놀러 오세요!

지은이 최종욱 | **그린이** 고상미 | **초판 1쇄 발행** 2007년 8월 7일 | **초판 2쇄 발행** 2008년 5월 7일
책임편집 한해숙 | **디자인** 최선영·남금란 | **마케팅** 구본산·김한중 | **펴낸곳** 바다출판사 | **펴낸이** 김인호 | **출판등록일** 1996년 5월 8일
등록번호 제10-1288호 | **주소** 서울시 마포구 서교동 403-21 서홍빌딩 4층 | **전화** 322-3885(편집부), 322-3575(마케팅부)
팩스 322-3858 | **E-mail** badabooks@dreamwiz.com | **ISBN** 978-89-5561-396-4 73400